Saskia Hofmann

Yes, she can!

Gender and Diversity

Herausgegeben von Prof. Dr. Marianne Kosmann,
Prof. Dr. Katja Nowacki und Prof. Dr. Ahmet Toprak,
alle Fachhochschule Dortmund

Band 2

Saskia Hofmann

Yes, she can!

Konfrontative Pädagogik in der Mädchenarbeit

Centaurus Verlag & Media UG

Bibliografische Informationen der Deutschen Nationalbibliothek
Die Deutsche Nationalbibliothek verzeichnet diese Publikation in der
Deutschen Nationalbibliografie; detaillierte bibliografische Daten sind
im Internet über http://dnb.d-nb.de abrufbar.

ISBN 978-3-86226-051-5   ISBN 978-3-86226-993-8 (eBook)
DOI 10.1007/978-3-86226-993-8

ISSN 2192-2713

© *CENTAURUS Verlag & Media KG, Freiburg 2011*
www.centaurus-verlag.de

Umschlaggestaltung: Jasmin Morgenthaler

Umschlagabbildung: www.photocase.de, Froodmat: „Durchbruch"

Satz: Vorlage des Autorin

„Yes she can" – Die Sozialarbeiterinnen auch!

Konfrontative Methode verfolgt das Ziel, mittels konfrontativer Intervention bei sozial auffälligen und gewalttätigen Kindern, Jugendlichen und Heranwachsenden, die mit gängigen sozialpädagogischen Maßnahmen nicht erreicht werden bzw. nicht erreicht werden können, eine Verhaltensänderung zu erreichen. Die Methode versteht sich nicht als Allheilmittel in den pädagogischen Settings, sondern als eine weitere Säule der Methodenvielfalt. Mittlerweile hat sich Methode der Konfrontativen Pädagogik in der Sozialen Arbeit etabliert. Sie wird nicht nur im stationären Bereich, wo sie ihren Ursprung hat, angewendet, sondern in vielen sozialpädagogischen, schulischen und therapeutischen Einrichtungen erfolgreich eingesetzt. Da der konfrontative Ansatz in erster Linie eine Methode für Mehrfachgewalttäter darstellte, waren und sind die Adressaten männliche Jugendliche. Auf die Besonderheiten, Interessen und Sozialisationsbedingungen der Mädchen wird wenig eingegangen. Methodisch muss man die Mädchen selbstverständlich so behandeln wie die Jungen. Aber die Themen und die Motive der Mädchen für Gewaltanwendung unterscheiden sich von Jungen und darauf müssen die Sozialarbeiterinnen und Sozialarbeiter in den Trainings Rücksicht nehmen.

Das Besondere an dem Buch von Saskia Hofmann ist nicht nur ihre klare Analyse in Bezug auf die Mädchen, sondern ihr genderorientierter Präventionsansatz. In diesem Zusammenhang ist Prävention ein zentrales Stichwort, weil die Methoden der Konfrontativen Pädagogik eher der Intervention zugeordnet werden. Die Autorin bedient sich zwar der Konfrontativen Methode, geht aber ihren eigenen Weg, in dem sie ein Kurs- und Trainingsprogramm für Mädchen entwickelt. Dieses Programm ist praxistauglich, weil sie auf die praktische sozialpädagogische Tätigkeit von Hofmann basiert. Das entwickelte Konzept der Konfrontativen Methode für Mädchen unter dem Titel „Yes, she can" ist sehr gelungen. Die Autorin verbindet ihre theoretischen Überlegungen in hervorragender Art und Weise mit der Praxis der Sozialen Arbeit. Damit gibt Saskia Hofmann wichtige Impulse für Praktikerinnen und Praktiker, die vor Ort mit dieser Zielgruppe arbeiten. Vor allem möchte ich dieses Buch männlichen Kollegen ans Herz legen, die mit Jungen arbeiten. Denn die Erkenntnisse der Autorin in der Arbeit mit Mädchen können wichtige Impulse für die Jungenarbeit liefern.

Dem praktischen, lebensnahen, gut lesbaren und übersichtlichen Buch von Saskia Hofmann wünschen in jeder Hinsicht eine intensive und breite Rezeption.

Prof. Dr. Ahmet Toprak

Inhaltsverzeichnis

Abbildungsverzeichnis

Tabellenverzeichnis

Abkürzungsverzeichnis

Abb.	Abbildung
AAT©	Anti-Agressions-Training
AGT	Anti-Gewalt-Training
CT©	Coolness-Training
ebd..	ebenda
JGG	Jugendgerichtsgesetz
KIP	Konfrontatives Interventionsprgramm
o.a.	oben angeführt
o.g.	oben genannt
PKS	Polizeiliche Kriminalistatistik
RET	Rational-Emotive-Therapie
s.	siehe
STK	Sozialer Trainingskurs
vgl.	vergleiche
z.B.	zum Beispiel

Vorwort

Gewalt ist an der Tagesordnung. Häufig tritt sie dort und dann auf, wo und wann man sie nicht erwartet. Gewalt gilt als eines der am häufigsten diskutierten Themen, was nicht zuletzt daran liegt, dass insbesondere die Medien dieses Thema aufbauschen. Tatsache ist, dass es für viele Jugendliche dazu gehört, zu schlagen und gewalttätig zu werden.

Das Thema Jugendgewalt wird in vielen Fachbüchern und auch im alltäglichen Sprachgebrauch als Synonym für „Jungengewalt" benutzt. Trotz der Ähnlichkeit dieser beiden Begriffe, bedeuten sie etwas völlig unterschiedliches. Die Jugendgewalt schließt die „Mädchengewalt" mit ein.
Lange Zeit wurde die Gewaltbereitschaft bei Mädchen von der Gesellschaft tabuisiert und zum Teil scheint es auch heute noch Annahmen dazu zu geben.
Nicht zuletzt an der polizeilichen Kriminalstatistik lässt sich erkennen, dass Mädchen einen Anstieg von Gewalttaten verbuchen. Auch im Alltag und in den Medien werden gewalttätige Mädchen zum Thema gemacht.
Gerade das Fernsehen verfolgt zurzeit einen Trend pädagogische Konzepte für Mädchen an die Öffentlichkeit zu bringen, mit Sendungen wie beispielsweise „Die Mädchen-Gang". Der pädagogische Wert solcher Sendungen sei dahin gestellt, es geht vielmehr darum zu erkennen, dass es durchaus Interesse an der Durchführung und Publizierung von Genderprojekten gibt.

Im Rahmen einer Anti-Gewalt-Trainer-Ausbildung bei den Diplom-Sozialpädagogen und Anti-Aggressivitäts- bzw. Anti-Gewalt-Trainern Andreas Sandvoß und Ulrich Krämer habe ich nicht nur eine Zusatzqualifizierung zum Umgang mit gewaltbereiten Kindern, Jugendlichen und Heranwachsenden erlangt, sondern auch viel Grundwissen zur Kombination von Theorie und Praxis sowie Hintergrundwissen rund um das Thema Gewalt und Aggression vermittelt bekommen.

Teil der Weiterbildung war unter anderem die Konzipierung eines eigenen Trainings. Um auch für mich einen neuen Blickwinkel zu schaffen, habe ich mich dabei auf die Zielgruppe der Mädchen konzentriert. Zum einen um festzustellen, was den aktuellen Trend so interessant und notwendig macht, zum anderen aber auch um den bereits noch nicht so gründlich erforschten Teil in der Gewaltforschung, nämlich der bezüglich des weiblichen Geschlechts, zu fördern. Aus dieser Motivation heraus entstand zunächst eine Diplomarbeit und danach dieses Buch.

Im ersten Kapitel findet zunächst eine grundlegende Einführung der Thematik statt. Diese behandelt neben den Begriffsbestimmungen „Gewalt" und „Aggression" das Thema Gewalt in ihren verschiedenen Formen und die Entstehungshintergründe. Um das zweite Kapitel einzuleiten werden hier bereits erste Annahmen und Ausführungen zur geschlechtsspezifischen Gewaltanwendung gemacht.

Darauf bezugnehmend wird es im zweiten Kapitel darum gehen, das Phänomen der Mädchengewalt anhand von Zahlen der polizeilichen Kriminalstatistik aufzuschlüsseln. Auf Basis dieser Zahlen werden dann typische Gewaltformen, Hintergründe und gewaltfördernde Faktoren im Lebenszyklus der Mädchen diskutiert.

Um Begründungen und Rechtfertigung dafür liefern zu können, dass Genderorientierung durchaus sinnvoll ist, wird im dritten Kapitel das Thema Sozialisation aufgegriffen. Neben der Begriffsbestimmung werden geschlechtsspezifische Sozialisationsaspekte im Rahmen der Familie und Schule erläutert und ausgewertet und die Notwendigkeit von geschlechtsspezifischen Projekten näher gebracht.

Das vierte Kapitel gibt einen Einblick in die konfrontative Pädagogik mit ihren Methoden. Sie wird als Grundlage vieler pädagogischer Angebote mit gewaltbereiten Jugendlichen genutzt und ist auch für das später dargestellte Training „Yes, she can!" erheblich.

Da die konfrontative Pädagogik auf enormes Interesse in der Gewaltprävention stößt, wird diese im fünften Kapitel dargestellt. Prävention war schon immer ein Begriff aus dem Bereich der Medizin mit einem großen Stellenwert. Dieser Stellenwert der präventiven Arbeit nimmt nun auch in der Sozialen Arbeit zu und ist breit gefächert. Was die Gewaltprävention ermöglicht und wie sie in Zusammenhang mit der konfrontativen Pädagogik steht soll in diesem Kapitel deutlich werden.

Im sechsten Kapitel wird das von Jennifer Beyer und mir konzipierte Anti-Gewalt- und Kompetenztraining „Yes, she can!" vorgestellt. Dieses Training zeigt eine Möglichkeit auf, wie mit den zuvor vorgestellten Methoden präventiv im Rahmen der Mädchengewalt gearbeitet werden kann. Da eine Evaluation des Trainings noch nicht möglich ist, wird es im Anschluss kritisch beleuchtet.

Das siebte und letzte Kapitel gilt der Schlussbetrachtung. Es werden die Ergebnisse der vorliegenden Arbeit kurz bewertet und die Schlussfolgerungen für die Soziale Arbeit herausgestellt. Hierbei wird es unter anderem um die zukünftige Gestaltung von genderorientierten Projekten im pädagogischen Bereich gehen.[1]
Die vorliegende Arbeit ist ein Resultat des wissenschaftlichen Arbeitens im Rahmen meiner 2010 angefertigten Diplomarbeit zum gleichnamigen Thema. Ein herzlicher Dank geht an Prof. Dr. Ahmet Toprak, welcher mir in dieser Zeit mit kompetenter Beratung und Unterstützung hilfreich zur Seite stand, sowie mir durch sein Engagement die Veröffentlichung dieses Buches ermöglichte.
Ebenso danken möchte ich den Diplom-Sozialpädagogen Andreas Sandvoß und Ulrich Krämer. Bei ihnen habe ich die Ausbildung zur Anti-Gewalt-Trainerin absolviert und im Rahmen dieser das Training „Yes, she can!" konzipiert. Jegliche Handlungs- und Übungsideen, Grundeinstellungen und Erkenntnisse stammen aus dieser Zeit. Durch die dort intensiv stattgefundene Auseinandersetzung mit dem Schwerpunkt Gewalt und Aggressionen ist das Thema dieser Arbeit entstanden.
Außerdem gilt ein besonderer Dank Jennifer Beyer, welche im Konzept zu „Yes, she can!" als zweite Trainerin fungiert und mit welcher ich gemeinsam die Idee zu einem Mädchentraining konzeptionell umsetzen konnte.

---

[1] Anmerkung für die gesamte vorliegende Arbeit: Jegliche Berufsbezeichnungen oder sonstige Zuschreibungen werden der Einfachheit halber in der maskulinen Form benutzt, schließt jedoch, zumindest wenn es nicht explizit ausgeschlossen wird, das weibliche Geschlecht mit ein. (Beispiel: Die Begriffsbestimmung Lehrer meint gleichermaßen auch die Lehrerinnen)

1 Zur Entstehung von Gewalt

In der heutigen Gesellschaft gewinnt das Thema Gewalt zunehmend an Bedeutung. Sei es Gewalt an Schulen, im Sport, in öffentlichen Verkehrsmitteln oder Gewalt gegen ausländische Mitbürger. Mit Schlagzeilen, wie zum Beispiel „Jugendlicher im Bus krankenhausreif geschlagen"[2] , „Randale im Fußball- Wochenende der Gewalt"[3] oder „Jugendgewalt - Die kaltblütige Generation"[4] wird auf das bestehende Gewaltpotenzial der Menschen aufmerksam gemacht.

Doch wo fängt Gewalt an und wo hört sie auf? Welche Rahmenbedingungen spielen eine besondere Rolle und inwiefern ist das Phänomen der Jugendgewalt geschlechtsspezifisch?

Um für die folgenden Erkenntnisse und Ausführungen einen Maßstab zu schaffen und Grenzen abzustecken, werden in diesem Kapitel zunächst die Begriffe „Gewalt" und „Aggression" definiert um dann detaillierte Ausführungen zur (geschlechtsspezifischen) Gewaltentstehung treffen zu können.

1.1 Begriffsdefinitionen „Gewalt" und „Aggression"

Begriffsdefinition „Gewalt"

Dem Gewaltbegriff unterliegt keine allgemeingültige und allgemein akzeptierte Definition. Das liegt unter anderem daran, dass das jeweilige Erkenntnisinteresse verschiedener Autoren, die sich zu diesem Thema befasst haben, variiert. Daraus resultierend ergeben sich auch im alltäglichen Sprachgebrauch stets individuelle Begriffsbestimmungen. Häufig wird er gleichverstanden mit dem Begriff

---

[2]Spiegel-Online, 14.02.2010, http://www.spiegel.de/panorama/justiz/0,1518,677797,00.html
[3]Spiegel-Online Sport,29.11.2009, http://www.spiegel.de/sport/fussball/0,1518,664101,00.html
[4]stern.de, 26.07.2009, http://www.stern.de/panorama/jugendgewalt-die-kaltbluetige-generation-706757.html

„Aggression" ohne jegliche Unterscheidung zu treffen. Da allerdings ein Unterschied besteht, soll dieser hier hervorgehoben und erläutert werden. Auf Nachfrage bezüglich der Bedeutung von Gewalt, bekommt man häufig und vor allem von Kindern die Antwort „Gewalt ist, wenn man jemanden schlägt oder jemandem weh tut.". Wichtig ist aber, Gewalt wird nicht nur physisch ausgeübt.

Die Weltgesundheitsorganisation definiert den Gewaltbegriff im 2002 veröffentlichten „World Report on Violence and Health" wie folgt: „Der absichtliche Gebrauch von angedrohtem oder tatsächlichem körperlichen Zwang oder physischer Macht gegen die eigene oder eine andere Person, gegen eine Gruppe oder Gemeinschaft, die entweder konkret oder mit hoher Wahrscheinlichkeit zu Verletzungen, Tod, psychischen Schäden, Fehlentwicklungen oder Deprivation führt."[5]

Diese Definition legt Wert darauf, Gewalt als eine absichtliche und damit vorsätzliche Handlung zu definieren. Des Weiteren wird der Begriff hier durch die genannten Folgen konkretisiert. Dass sie sich von der Ebene des rein physischen Gebrauchs entfernt, macht sie durch den „angedrohten" Zwang deutlich, welcher eine Form der psychischen Gewalt darstellen soll. Verpackt ist das Ganze in eine zwischenmenschliche Handlung. Denn Gewalt ist eine Form der Interaktion, sie passiert im Miteinander der Menschen.

Mit der Definition der Bundeszentrale für politische Bildung erweitert sich die „Zielgruppe", auf welche die Gewalt ausgeübt wird, denn danach „(..)bezeichnet [sie] den Einsatz von physischem oder psychischem Zwang gegenüber Menschen sowie die physische Einwirkung auf Tiere oder Sachen."[6]
Hier ist Gewalt nicht mehr „nur" Schaden an einer anderen Person anzurichten, sondern auch an Gegenständen oder Tieren.

Die Unterscheidung von vorsätzlicher oder unabsichtlicher Gewalt ist schwierig. Der Übergang scheint fließend. Fühlt sich eine Person als Opfer, kann die andere betroffene Person trotzdem immer bestreiten, eine Schädigungsabsicht gehabt zu haben. Somit bleibt die Eingrenzung ungeklärt. Daher empfiehlt Anton Hügli, Professor für Philosophie und Pädagogik an der Universität Basel, zu unterscheiden. Einerseits die Gewalt, die jemand erleidet und bei welcher es für den Betroffenen unerheblich ist, warum und woher die Gewalt letztendlich kam; das sind dann passive Gewalteinflüsse. Hier ist ausschlaggebend, dass Gewalt jede

---

[5]vgl. Gugel, 2008, S.19
[6]http://www.bpb.de/popup/popup_lemmata.html?guid=VA7HHE

negative Einwirkung auf den eigenen Körper, auf die eigene Familie/Freunde, auf eigene Güter etc. ist. Andererseits die Gewalt, die jemand ausübt, der aktive Gewalteinfluss auf eine andere Person. Und genau dann stellt sich die Frage nach vorsätzlicher oder unabsichtlicher Gewalt. Ist eine Gewaltausübung beabsichtigt, so hat sie zum Ziel, einen anderen zu verletzen. Die instrumentelle Ausübung hat den Fokus ein bestimmtes Ziel zu erreichen, egal mit welchen Mitteln. Steht jemand anderes diesem Ziel im Weg, so wird er versucht zu entfernen. Hierbei wird eine mögliche Verletzung in Kauf genommen, ohne sie vielleicht beabsichtigt oder vorausgesehen zu haben.[7]

Eine für die folgende Arbeit daraus resultierende Definition ist folgende (angelehnt an oben genannte Autoren):

> Gewalt ist der bewusste Einsatz von physischen oder psychischen Interaktionsmitteln an der eigenen Person, an anderen Personen, Tieren oder Gegenständen, bei dem es zu Schädigungen oder Beeinträchtigungen des Objekts kommt oder bei dem Deprivationen sämtlicher Art vom Aktivist am Gegenüber in Kauf genommen werden.

Begriffsdefinition „Aggression"

Der Begriff Aggression leitet sich aus dem Lateinischen („aggredere") ab und bedeutet so viel wie herangehen, annähern, angreifen. Um es mit Rosemarie Portmanns Worten zu sagen: „Mit Aggression wird also zunächst einmal ein gesteigerter Ausdruck von Lebensenergie bezeichnet."[8]
Manfred Cierpka unterscheidet zwei Formen von Aggression. Zum einen die konstruktive und zum anderem die destruktive Form. Die konstruktive Form findet ihre Grundlage im Inneren des Menschen und ist verknüpft mit dem Bedürfnis die Umwelt zu erforschen. Sie tritt spontan auf und ist relativ positiv fundiert, da sie z.B. auch durch Durchsetzungsfähigkeit gekennzeichnet ist. Die destruktive Form hingegen ist Folge von Frustration, unbefriedigten Bedürfnissen und Unlust. Häufig ist sie verpackt in Gefühlen der Feindseligkeit, des Hasses oder der Wut.[9]

---

[7]vgl.Hügli,2005, S.19-27
[8]vgl. Portmann, 2007, S.14
[9]vgl. Cierpka (Hg.), 2005, S. 18

Rosemarie Portmann unterscheidet neben diesen beiden Formen noch zwei weitere. Zum einen ist es die defensive Aggression, die dann zum Ausdruck kommt, wenn es nötig ist, sich zu verteidigen oder zur Wehr zu setzen. Eben dann, wenn die aktuelle Situation eine Notwehr verlangt. Zum anderen ist es die expressive Aggression, die überwiegend im Sport wiederzufinden ist, da sie mit Ehrgeiz und Willenskraft gekoppelt ist.

Zusammenfassend ergibt sich also für den Kontext und in Zusammenhang mit der Gewaltdefinition die Notwendigkeit, Aggression als einen Gemütszustand zu beschreiben, der (in welcher Form auch immer) unter bestimmten gegebenen und situativen Rahmenbedingungen zur Gewaltausübung führen kann. Dabei ist es wichtig, sich vor Augen zu führen, dass die destruktive Aggression diejenige ist, die Gewalttaten auslöst, welche nicht zu entschuldigen oder zu dulden sind.

Daraus ergibt sich folgende, an Anlehnung an diese Ausführungen, eigene Definition:

> Aggression ist ein sehr energiebeladener Gemütszustand, der durch entsprechende Rahmenbedingungen und Reize zur Gewaltausübungen führen kann. Aggression gilt es unter Kontrolle zu haben, um keine Destruktionen zu verursachen.

1.2 Formen von Gewalt

Wie auch schon aus den verschiedenen Definitionen ersichtlich geworden ist, gibt es unterschiedliche Formen von Gewalt. Eine der bekanntesten Unterscheidungen stammt von dem Friedensforscher Johann Galtung. Er unterscheidet die drei Typen der personalen, strukturellen und kulturellen Gewalt. Die personale oder auch direkte Gewalt ist nach Galtung die sichtbare, denn bei ihr sind sowohl Täter als auch Opfer eindeutig zu identifizieren.

Auch die strukturelle Gewalt fordert Opfer. Sie ist jedoch unsichtbar, denn Täter sind hier keine anderen Personen, sondern Strukturen und Lebensbedingungen. Die kulturelle Gewalt ist ebenfalls unsichtbar, denn sie wird durch bestimmte Ideologien, Normen oder sonstige Legitimationssysteme verursacht. Zugleich ist sie eine Hilfe bzw. Rechtfertigung für die Ausübung der anderen beiden Gewaltformen, sodass Galtung zu dem Schluss kommt, dies als einen Teufelskreis der Gewalt zu bezeichnen.[10] Dadurch verdeutlicht er, dass Gewalt nicht immer nur eine zwischenmenschliche Handlung ist, sondern auch gesellschaftliche Strukturen und Richtlinien eine besondere Bedeutung haben.

Detailliert lassen sich mittlerweile folgende Formen von Gewalt festhalten:

Die Physische Gewalt

Sie ist durch Schläge, Stöße, Tritte etc. charakterisiert und umfasst im Großen und Ganzen alle körperlichen Verletzungen, die jemandem zugefügt werden können. Aber auch Vergiftungen, Ersticken, Verbrennen oder Unterkühlen zählen zu dieser Gewaltform. Bleibende Schäden jeglicher Form sowie der Tod können die Folge sein.

Die Psychische Gewalt

Sie ist gekennzeichnet durch die Beeinträchtigung einer innigen und vertrauensvollen Beziehung durch Entzug von Liebe, Zuneigung und Vertrauen, durch Abwertung und Gleichgültigkeit. Ebenfalls hierzu zählen Aktionen, die bewusst anderen Angst einflößen sollen, wie z.B. das Einsperren in dunkle Räume, Festbinden oder Alleinlassen.

Die Verbale Gewalt

Sie ist ein Synonym für Beleidigungen, Erniedrigungen oder sonstige Äußerungen, die eine andere Person oder sich selbst verletzen.

---

[10]vgl. Gugel, 2008, S. 19

Die Vernachlässigung

Die Vernachlässigung beinhaltet oft eine Kombination von körperlicher und see-
lischer Gewalt. Mangelnde Förderung, fehlende Versorgung, Mangelernährung,
Verwahrlosung, unzureichende Liebe und Akzeptanz sind nur einige von vielen
Merkmalen.

Die Sexuelle Gewalt

Die sexualisierte Gewalt kann nur schwierig definiert werden. Im Groben meint
sie jegliche sexuelle Handlung an einem anderen Individuum, welches aufgrund
seiner aktuellen Lage, Verfassung oder Entwicklung der Aktivität nicht zustimmen kann. Es wird als Objekt bestimmter Bedürfnisse benutzt und wird Opfer von
Machtauslebung. Die Gewalt besteht im Berühren der Geschlechtsteile eines anderen, im Auffordern, die eigenen Geschlechtsteile zu berühren oder sonstige
Handlungen mit Fingern oder Gegenständen.

Die frauenfeindliche und fremdenfeindliche Gewalt

Sie meint die Gewaltausübungen (jeglicher oben genannter Formen) an Mädchen, Frauen oder anderen ethnischen Gruppen. Außerdem schließt es die Gewalttaten an deren Angehörigen mit ein.

Happy Slapping

Das Happy Slapping bedeutet so viel wie fröhliches Schlagen und ist die mo-
dernste Methode gewaltvolle Handlungen und Szenen an Dritte weiterzugeben.
Dabei werden brutale Aktionen mit dem Handy oder einer Kamera gefilmt und
verbreitet. Jugendliche machen sich keine Gedanken um den Inhalt solcher Vi-
deos. Sie filmen gestellte Gewaltszenen, die der Realität gleichen und steigern
die Brutalität von Video zu Video. [11]

---

[11]Quellen:Gugel, 2008 und Krowatschek/Theiling, 2008

1.3 Motive, Ziele und Entstehungshintergründe

Menschen können von Natur aus aggressiv sein und gewalttätig handeln. Prof. Dr. Jens Weidner hat gesagt, dass jeder Mensch aggressiv sei und Aggressivität in sich hätte, es käme nur darauf an, wie man damit umgeht.[12] Die Frage nach den Motiven dieser Menschen und welche Ziele sie damit verfolgen, stößt auf großes Interesse. Für viele Jugendliche hat das zerstörerische Verhalten eine ganz bestimmte Funktion. Sicherlich ist es nicht möglich, Funktionen, Motive und deren Ziele zu verallgemeinern und ihren Zusammenhang als die Regel festzulegen. Dennoch scheint es durchaus wichtig, sich ein Bewusstsein über mögliche Zusammenhänge zu verschaffen, vor allem was die Präventionsarbeit angeht, auf die später detailliert eingegangen wird. Wenn Gewalt instrumentalisiert wird, versuchen Jugendliche, wie oben bereits erwähnt, ihre Ziele durchzusetzen. Sie wollen sich in den Vordergrund stellen und eigene Vorteile erarbeiten. Gewalt kann aber auch als Selbstschutz dienen. Dann ist das Motiv des Gebrauchs das der Gegengewalt als Verteidigung. Dies kommt häufig in Peer-Groups vor. Die Jugendlichen wollen sich positionieren und den eigenen Status in ihren Gruppen verdeutlichen. Sie machen klar, wer das Sagen hat und wer gehorchen muss.

Ein anderes Motiv kann die reine Machtausübung sein. Dabei werden häufig Personen, die von den Jugendlichen als minderwertig angesehen werden, gequält oder gefoltert. Die Machtauslebung übertönt ein Gefühl der Ohnmacht sowie Handlungs- oder Kommunikationsunfähigkeit und verschafft somit Anerkennung bei z.B. den eigenen Gruppenmitgliedern. Gewalt kann auch als Motiv die Verteidigung von eigenem Besitz oder Freunden/Familie haben. Aber auch hier wird wieder versucht Macht, Stärke und oftmals Männlichkeit zu beweisen.

Wenn man als Beispiel den Links- oder Rechtsextremismus nimmt und versucht dort eine Funktion oder ein Motiv für bestimmte handgreifliche Handlungsweisen zu finden, so wird deutlich, dass hier ein gesellschaftlicher Protest stattfindet. Nach Melzer u.a. ereignet sich „Gewalt als spontane Provokation gegen die Welt der Erwachsenen."[13] Immer wieder wird auch angenommen und von Jugendlichen bestätigt, Gewalt sei ein Mittel gegen Langeweile. Den Jugendlichen würde nichts geboten, die Umwelt sei anspruchslos und ereignislos.

---

[12]Weidner/Kilb/Jehn, 2008
[13]in Portmann, 2008, S.23

Ursachen und Auslöser für die Gewaltausübung sind sehr komplex und lassen sich nicht pauschal erklären. An einer gewaltbelasteten Situation ist nicht nur der Gewaltausführende Schuld, sondern ebenfalls alle anderen, die auch nur im entferntesten Sinne daran beteiligt sind. Demzufolge müssen auch all diese mithelfen daran zu arbeiten, das Problem der Jugendgewalt zu thematisieren und zu bearbeiten. Typische Standardäußerungen bezüglich der Ursachen sind Armut, politische Verhältnisse, Traumatisierungen, Konflikte in der Familie, psychotische Schübe, Werteverlust und Desorientierung in der Gesellschaft, Individualisierung und Pluralisierung, Gruppenzwang usw.. Mit diesen vermuteten Ursachen wird meist versucht, durch monokausale Erklärungen eine Gewalttat zu rechtfertigen oder in einen Sinn-Zusammenhang zu bringen.

Fakt ist aber, dass diese vermeintlichen Ursachen lediglich Einflüsse sein können, die Gewalttaten begünstigen oder hemmen, nicht aber grundlegende Ursachen sind. Rainer Kilb hat dazu eine sehr übersichtliche Grafik erstellt (vgl. S. 8 Abb. 1.1), die hier kurz erläutert werden soll.

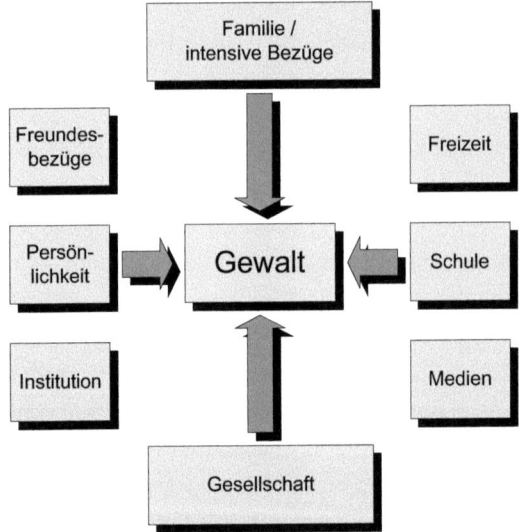

Abbildung 1.1: Gewalt und ihre Entstehungszusammenhänge nach Rainer Kilb
Quelle: Kilb in Weidner/Kilb/Jehn(Hrg.), 2003, S.38

Aus dieser Grafik wird ersichtlich, welche Faktoren eine Rolle spielen, wenn man versucht zu erklären, woher plötzliche Gewalt kommt. Wichtig dabei ist, sich vor

Augen zu führen, dass es ein multikausales Erklärungsmodell darstellt. Das heißt, es sind immer mehr als nur einer der aufgeführten Faktoren an einer Gewaltsituation beteiligt.

Damit eine Kategorie als Ursache dienen kann, müssen natürlich in den bestimmten Bereichen gewisse Bedingungen gegeben sein. Im familiären Bereich wären das beispielsweise Konflikte mit und zwischen den Eltern, mangelnde Erziehungskompetenz, Inkonsequenz von Seiten der Eltern, mangelnde Zuneigung und vorherrschende Gewaltausübung.

In der Gesellschaft können es Werteumbrüche, Enttraditionalisierung oder prinzipielle Grundsatzveränderungen sein.

Die Komponente Schule kann auch sehr viele ungünstige Bedingungen liefern. So zum Beispiel hoher Leistungsdruck, Versagen, Langeweile, Mangelförderung, schlechtes Arbeits- und Gruppenklima, ungünstige Rahmenbedingungen usw..

Etwas differenzierter beschreibt Ulrike Popp den Einfluss der schulischen Umwelt. Kinder und Jugendliche verbringen einen Großteil ihrer Zeit in der Schule. Dort geht es um die Kommunikation untereinander und miteinander, um die Teilhabe in Gruppen und welche Rolle jeder Einzelne dabei einnimmt sowie um Mitbestimmung. Es geht weiterhin um die Entwicklung und Pflege von sozialen Beziehungen, die gerade in der Schule sehr stark sind (Beziehung zu den Lehrern, zu den Klassenkameraden, zu Mädchen, zu Jungen usw.) , um Etikettierung und um Ein- und Ausgrenzung. Nach Popp können diese Einflüsse, je nach Ausrichtung gewaltfördernd oder gewalthemmend sein. Hier kann durchaus die Persönlichkeit eine wichtige Rolle spielen.[14]

Der Bereich der Medien ist ein sehr umstrittener und hängt ebenfalls viel mit der eigenen Persönlichkeit zusammen. Die Auswahl der Medien, der Inhalt, das Ziel ihrer Einsetzung und der Stellenwert der Medien für eine Person sind dabei von großer Bedeutung. Ein Jugendlicher, der seine sadistischen Züge mit nächtlichen Horrorfilmen befriedigt, um eventueller Weise auch noch Anreize für eigenes Handeln zu bekommen, hat natürlich eine andere Bedeutung, als ein Jugendlicher, der sich hin und wieder nach der Arbeit für eine minimale Zeit einen Ausgleich durch Computerspiele verschafft. Nicht weit entfernt ist dies, wie gesagt, von der eigenen Persönlichkeit. Selbstbewusstsein, Selbstkontrolle, Feindlichkeitswahrnehmung, psychische Verfassung etc. sind nur einige wenige Merkmale, an denen Erklärungsketten beginnen oder enden könnten.

---

[14]vgl. Popp, 2002

Innerhalb dieses gesamten Gefüges können sich Einzel- oder Gruppendynami-
ken entwickeln, die zur Gewaltausübung führen können. Immer wieder bewährt
ist das Beispiel von Hooligans im Fußball. Im Zuge eines Spieles zweier gegne-
rischer Mannschaften gekoppelt mit unabdingbaren Feindbildern und einer sich
verselbstständigten Dynamik im Fußball-Rausch, kommt es häufig zu Krawallen
und Gewalttaten. Hieraus ist auch ersichtlich, dass es immer eine Gegenseite
gibt, die Auslöser für Aggressivitäts-Auslebung sein können, wie z.B. vorherrschende Feindbilder. Provokationen, Reizungen bis hin zum Verlust der Selbstkontrolle lösen dann häufig eine Eskalation aus.

Wird über die Entstehung von Gewalt diskutiert, ist der Begriff der Sozialisation,
auf welchen später noch gezielt eingegangen wird, nicht weit entfernt. Viele Kriti-
ker behaupten, die Erwartungshaltung an die Kinder und Jugendlichen (vor allem
wenn es um die Einbeziehung des Geschlechts geht) sei ausschlaggebend für
spätere Gewalthandlungen. In diesem Zusammenhang greift Ulrike Popp das sogenannte „Evolutions-Prinzip"[15] auf. Damit ist gemeint, dass sich innerhalb aller
Sozialisationsprozesse, die ein Mensch durchläuft, bestimmte Verhaltensweisen
entweder als erfolgreich oder nicht erfolgreich erwiesen haben. Gab es also, bedingt durch frühere Erfahrungen, Zuschreibungen, Angehörigkeiten und Verhaltensweisen, die Gewalt legitimiert haben und dann auch noch erfolgreich waren,
so werden diese Verhaltensweisen in das Handlungsrepertoire aufgenommen.
Dies geschieht unbewusst und hat dann nicht mehr die Absicht gegen Regeln zu
verstoßen, denn diese früheren Erfahrungen haben sich als legitim eingeprägt.
So kommt es dann, dass später in der Arbeit mit gewaltbereiten Jugendlichen
häufig auf die eine Einstellung getroffen wird, die Gewalt verharmlost. Diese Jugendlichen finden nur schwer Einsicht in die Nicht-Akzeptanz gewalttätigen Verhaltens.

Zusammenfassend lässt sich sagen, dass es ein schwieriger Prozess ist, die Ent-
stehung von Gewalt nachzuvollziehen und ihre wirklichen Ursprünge zu finden.
Die Grafik von Rainer Kilb ist nicht nur eine sehr gute Übersicht, sondern ver-
deutlicht ganz gezielt, welche Faktoren an einer Situation beteiligt sein können.
Was sich aus der Grafik allerdings nicht ergibt, aber erwähnt werden sollte, ist der
Gedanke, dass sich auch die Komponenten untereinander beeinflussen können.
Das macht das gesamte Gefüge noch komplexer und undurchsichtiger. Es wird

---

[15]Popp, 2002

deutlich, dass die Abbildung keine Anleitung oder Lösungsherleitung ist, sondern lediglich eine Bewusstmachung über alle Einflussfaktoren.

1.4 Geschlechtsspezifische Gewaltanwendung

Fakt ist, dass Mädchen, genau wie Jungen, schon immer aggressiv waren bzw. das Phänomen der Aggressivität bei Jungen und Mädchen schon immer besteht. Es gibt wenige Untersuchungen zur genderorientierten Gewaltanwendung, denn häufig wird Jugendgewalt mit Jungengewalt gleichgesetzt. Ein Großteil der Straftaten wird bis heute von Jungen und Männern begangen. Dennoch gibt es auch Mädchen und Frauen, die gewalttätig werden. Es stellt sich die Frage, ob es wirklich mehr Mädchen gibt, die zu Gewalttaten schreiten oder die Gesellschaft sowie die Medien einfach sensibler für dieses Thema geworden sind und Delikte von weiblichen Bürgern mittlerweile ebenso schnell zur Anzeige gebracht werden, wie jene vom anderen Geschlecht. Diese Mutmaßungen werden später in Kapitel 2 diskutiert.

Was jedoch gesagt werden kann, ist die Tatsache, dass männliche Jugendliche eher nach außen gerichtete Formen von Aggressivität und Gewalt anwenden und weibliche Jugendliche eher unterschwellig aggressiv handeln, beispielsweise in Form von Mobbing oder Autoaggression.

Hierbei muss differenziert werden. Viele Sozialforscher halten fest, bei Mädchen sei die verbale und psychische Gewalt vorherrschend, bei Jungen die physische. Dies kann nicht pauschal festgelegt werden. Vielmehr ist es so, dass sowohl Jungen als auch Mädchen grundsätzlich und überwiegend verbale und psychische Gewalt anwenden. Bei beiden Geschlechtergruppen steht diese Form an erster Stelle. Es ist eben nur so, dass darüber hinaus die Jungen häufiger und schneller zu physischer Gewaltanwendung neigen.

Das Gewaltpräventionsprojekt „Echt und Stark" wird interdisziplinär in Schulen, Kindertagesstätten oder anderen sozialen Einrichtungen für Kinder und Jugendliche durchgeführt und hat ebenfalls genderorientierte Aspekte mit einbezogen und sogar geschlechtsspezifische Kurse entwickelt. Die Idee das Training geschlechtsspezifisch zu gestalten, liegt darin, dass Mädchen und Jungen häufig mit unterschiedlichen Strategien und aus unterschiedlichen Beweggründen in Konflikte treten. Sie reagieren unterschiedlich und haben häufig auch andere Themen, die in Konflikten behandelt werden.

So sind Themen, die bei Mädchen im Vordergrund stehen auf Eifersucht, Neid, Selbstbewusstsein und Konkurrenz bezogen, die sie mit verbaler Gewalt häufig bewältigen wollen. Bei den Jungen geht es vielmehr darum, Stärke und Männlichkeit zu zeigen, das eigene Revier zu markieren, den eigenen Status zu verdeutlichen und die eigene Persönlichkeit zu verteidigen. Dies geschieht meist mittels physischer Gewalt.[16]

Christiane Micus, wissenschaftliche Assistentin am Institut für Allgemeine Pädagogik in Berlin, führte eine eigens entwickelte Studie zum Thema „Geschlechterunterschiede im individuellen, alltäglichen Aggressionsverhalten und Aggressionsphantasien" durch, deren Ergebnisse hier kurz dargestellt werden sollen. Micus stellte fest, dass die Unterschiede gar nicht so gravierend sind, wie stets vermutet, bzw. die Unterschiede nicht immer auf das Geschlecht zurückzuführen sind. Vielmehr gibt es bedeutende Gemeinsamkeiten, was den Ursprung und die einflussnehmenden Faktoren von Gewaltanwendung angeht.

Mit Hilfe eines Interviews und einer Bildassoziation kommt sie zu dem Ergebnis, dass es bestimmte Einflüsse auf das Aggressionsverhalten gibt, die sowohl bei Männern als auch bei Frauen gegeben sind.

Ihre wichtigste Erkenntnis, dass das biologische Geschlecht allein nicht ausreicht, um eine Differenzierung bezüglich der genannten Verhaltensweisen zu machen, sagt sie direkt vorweg. Der Umgang und das Ausmaß mit und von Aggressionen sind kontextabhängig. Das heißt, es spielt eine wichtige Rolle, an welchem Ort sich die Person befindet (z.B. am Arbeitsplatz, an welchem in der Regel ein hierarchisches Verhältnis herrscht), wer beteiligt ist an einem Konflikt und natürlich die aktuelle Situation und Verfassung.

Außerdem können beide Geschlechter von Ängsten beeinflusst werden. Angst vor Beziehungsverlust oder Eskalation verändern das Verhalten in einer Konfliktsituation, weil den Ängsten möglichst wenig Erfüllung geschenkt werden soll. Denn Ängste hemmen in der Regel oder machen handlungsunfähig (zumindest ist man nicht in der Lage, so zu handeln, wie man es theoretisch würde).

Sowohl Männer als auch Frauen haben aggressive Phantasien, wenn sie sich in einem Streit befinden. Diese reichen von verbalen Attacken über physische

---

[16]Auszug aus einer Unterrichtseinheit im SS 2008 bei dem Dipl.-Psychologen Dirk Polchow, FH Dortmund

Angriffe bis hin zu Mord- oder Tötungsphantasien. In den weiblichen Phantasien zeigen sich häufig auch zusätzliche Momente von Selbstbewusstsein und Stärke. Ein inniger Wunsch wird damit oft geäußert. Der Wunsch danach, sich durchzusetzen und sich selbst zu behaupten.

Einen weiteren Einfluss, den Micus aufzeigt, ist die Beziehung zur eigenen Herkunftsfamilie. Wie die Familie mit Konflikten umgeht und wie diese vor den Kindern (direkt oder indirekt) ausgetragen werden, ebenso wie die Belehrungen und Wertevorstellungen der Eltern diesbezüglich, verändern das Aggressionsverhalten.

Des Weiteren werden Gespräche mit sogenannten Dritten als Ressource dargestellt. Es findet ein Austausch über bestimmte Situationen statt, in denen Objektivität und unter Umständen hilfreiche Tipps von Freunden oder Bekannten erlangt werden können. Häufig äußern sich solche Gespräche in Form von Lästern.

Die letzte Komponente ist die Polarisierung. Beide Geschlechter neigen stets dazu, sich vor die Wahl zu stellen, entweder wegzulaufen oder zu schlagen, entweder zu schweigen oder zu schreien. Dieses Schwarz-Weiß-Denken legt in jenem Moment also eine gewisse Ohnmacht über unser Handeln und unsere Reaktionen.

Trotz dieser geschlechtsunspezifischen Einflussfaktoren auf aggressives Verhalten, arbeitet Micus in ihrer Studie zwei wesentliche Unterschiede heraus. Zum Einen, dass beide Geschlechter ein unterschiedliches Verständnis für den Umgang mit Aggressionen als einen Lern- und Reifeprozess haben. Hierbei stellt sich heraus, dass Frauen frühere aggressive Erfahrungen als unproduktiv werten und daraus mehr Durchsetzungsvermögen für sich selbst schaffen wollen. Sie reflektieren danach, sich besser anpassen und ihre Grenzen besser wahrnehmen zu wollen. Während Männer eher resultieren, danach abgehärteter zu sein. Ihr früheres Verhalten beschreiben sie als eine angemessene Reaktion.

Für die Arbeit in sozialen Einrichtungen sollte dies vor allem im Kontakt und in der Aufarbeitung von Konflikten mit Jugendlichen bedacht werden. Durch gemeinsame Reflektionen der Situationen lassen sich eventuell Handlungsmuster herausstellen, an denen gezielt gearbeitet werden kann.

Der zweite Unterschied besteht im weiblichen Verlangen nach Verständigung. Nach einer Auseinandersetzung hoffen Mädchen und Frauen oft darauf, die Sache noch einmal klären zu können. Sie wollen entweder darüber sprechen um die Situation eventuell noch relativieren zu können, oder aber sie schweigen. Das

männliche Geschlecht hingegen reagiert mit der nach Micus definierten „Flucht-
tendenz". Sie fordern nach einem Streit Distanz ein, um zunächst die eigenen
Spannungen wieder abzubauen und zur Ruhe zu kommen.[17]

Zusammenfassend lässt sich also sagen, dass unterschiedliche Gewalt- und Ag-
gressionsausübungen nicht zuletzt am Geschlecht auszumachen sind. Der Kontext spielt eine enorm wichtige Rolle, da er einen beträchtlichen Einfluss auf all
unser Verhalten nimmt - nicht nur im Bereich der Aggressionen und Konflikte.
Dennoch sollte man natürlich nicht aus den Augen lassen, dass Frauen und Männer in vielen Fällen grundsätzlich verschiedene Konsequenzen aus ihrem Verhalten ziehen und somit folglich mit einer anderen Absicht oder Motivation in den
nächsten Konflikt einsteigen.
Zentrale Aussage der Studie ist, wie bereits erwähnt, „dass menschliche Aggression mehrdimensional erklärt werden muss und dass die Einbeziehung der *Kategorie Geschlecht* diese Dimensionen erweitert und differenziert.".[18]

Insgesamt wird deutlich, dass es durchaus Unterschiede in der Gewaltanwendung der verschiedenen Geschlechter gibt. Dass Trainings sich ebenfalls an Geschlechtern orientieren, soll nicht stigmatisieren oder eine Unmöglichkeit gemisch-
ter Kurse nahelegen. Vielmehr geht es darum, Prävention gezielt anzulegen und
an spezifischen Alltagssituationen und -konflikten Handlungsmöglichkeiten einzuüben.
Es hat sich herausgestellt, dass Jungen und Mädchen durchaus verschiedene
Intentionen in Konflikten haben können. Diese gilt es heraus zu arbeiten und als
Fachkraft nicht pauschalisierend zu reagieren.

---

[17]vgl. Micus, 2002
[18]Micus, 2002, S.249

2 Das Phänomen der Mädchengewalt

Der Begriff der Mädchengewalt rückt mittlerweile immer mehr in den Vordergrund, wenn es um das allgemeine Gewaltpotenzial bei Jugendlichen, die Jugendgewalt, geht. Es heißt immer wieder in Nachrichten, Büchern oder Alltagsgesprächen, die Gewaltbereitschaft bei Mädchen nehme stark zu und die Mädchen seien gewalttätiger und aggressiver. In Deutschland sind die wissenschaftlichen Untersuchungen in diesem Bereich rar.

Um einen objektiven Blick über sowohl die allgemeine als auch die weibliche Gewaltkriminalität zu verschaffen, werden in diesem Kapitel zunächst polizeiliche Kriminalstatistiken zu diesem Thema ausgewertet.

Anschließend werden häufige Gewaltformen, die dem weiblichen Geschlecht zugeordnet werden, und mögliche Ursachen dargestellt.

2.1 Entwicklung der Gewaltkriminalität von 1987 bis 2009 anhand der PKS

Da sich die folgenden Erkenntnisse aus der polizeilichen Kriminalstatistik ergeben, ist es wichtig, deren Definition von Gewaltkriminalität zu erläutern. Demnach umfasst der Tatbestand der Gewaltkriminalität „folgende Straftaten: Mord, Totschlag und Tötung auf Verlangen, Vergewaltigung und sexuelle Nötigung, Raub, räuberische Erpressung und räuberischer Angriff auf Kraftfahrer, Körperverletzung mit Todesfolge, Gefährliche und schwere Körperverletzung, Erpresserischer

Menschenraub, Geiselnahme, Angriff auf den Luft- und Segelverkehr."[19] Die Darstellungen beziehen sich auf Erfassungen in der Bundesrepublik Deutschland.

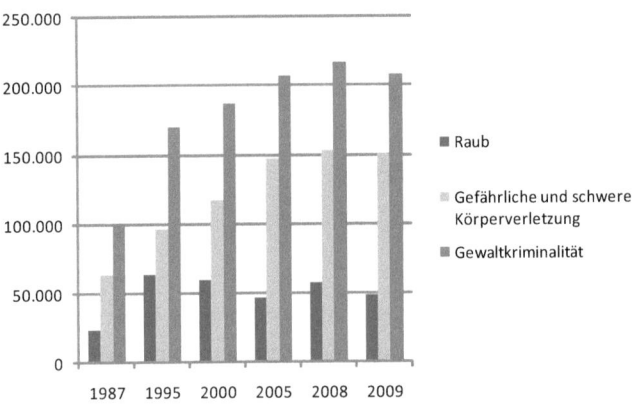

Abbildung 2.1: Entwicklung der Gewaltkriminalität 1987-2009

Diese Grafik zeigt zum einen die allgemeine Entwicklung der Gewaltkriminalität in den letzten Jahren und zum anderen wie viele Fälle sich davon auf Raub und Körperverletzung beziehen. Die Grafik stellt die tatsächlich erfassten Fälle dar und spart somit die Dunkelziffer und die nicht erfassten Fälle aus. Auf den ersten Blick, lässt sich ein enormer Anstieg der Gewaltkriminalität von ca. 93.000 erfassten Fällen im Jahr 1987 auf ca. 217.000 erfasste Fälle im Jahr 2008 erkennen. Im Jahr 2009 fällt die Zahl dann auf ca. 208.000 Fälle im Bereich der Gewaltkriminalität. Es liegt allerdings eine Zeitspanne von 21 Jahren vor. Vergleicht man die absoluten Zahlen, so lässt sich der Anstieg wie folgt aufführen: 1987 gab es ca. 93.000 erfasste Fälle im Bereich der Gewaltkriminalität, 1995 ca. 170.000 Fälle, 2000 ca. 187.000 Fälle, 2005 ca. 207.000 Fälle, 2008 ungefähr 217.000 Fälle und 2009 ca. 208.000 Fälle. Der größte relative Zuwachs lässt sich von 2000 bis 2005 feststellen. Denn hier wurden innerhalb von 5 Jahren 20.000 Fälle mehr erfasst als zuvor. Im Vergleich dazu waren es von 2005 bis 2008 innerhalb von 3 Jahren 10.000 Fälle. Bezieht man allerdings die Bevölkerungszahl zum entsprechenden Zeitpunkt mit ein und zieht den prozentualen Anteil der Bevölkerung in Betracht, so wird sich die o.g. Erkenntnis relativieren.

---

[19]http://www.bka.de/pks/pks2008/download/pks-jb_2008_bka.pdf, S.16/17

Sicherlich kann aus dieser Statistik erstmal vernommen werden, dass es einen Anstieg der Kriminalität gibt, jedoch muss ebenfalls der Anstieg der Bevölkerungszahl beachtet werden, sowie der Rückgang 2009 und folglich ist zumindest der relative Anstieg der Kriminalität in einigen Jahren allgemein gar nicht mehr so hoch wie zuvor angenommen; in anderen Jahren, wie 2008 z.B., dagegen höher als erwartet.

Um dies zu erläutern, werden kurz die Prozentzahlen und ihre Bedeutung dargelegt und diskutiert.

Im Jahr 2000 hielt das Bundeskriminalamt ca. 170.000 erfasste Fälle der Gewaltkriminalität fest, während das Bundesinstitut für Bevölkerungsforschung[20] einen Bevölkerungsstand von 82.260.000 dokumentierte. Würde man davon ausgehen, dass ein Fall gleichzusetzen mit einer Person ist, wären also 0,23% der Bevölkerung gewaltkriminell (in dem oben genannten Definitionsbereich) geworden. 2005 stieg die Bevölkerung auf 82.438.000 Menschen an und die erfassten Fälle auf 207.000. Hieraus ergäbe sich, dass 0,25% der Bevölkerung kriminell wurden.

Interessant wird es nun bei der Betrachtung von 2008. Das Bundesinstitut für Bevölkerungsforschung hat einen Bevölkerungsstand von 82.002.000 Menschen vernommen. Es ist also eine Bevölkerungsabnahme sichtbar. Die erfassten Fälle der Gewaltkriminalität haben allerdings zugenommen und berufen sich auf ca. 217.000 Fälle. Daraus ergibt sich, dass 0,26% der Bevölkerung Gewalttaten ausgeübt hätten, würden Fälle mit Personen gleichgesetzt werden. Dieses Ergebnis ist sehr zentral, denn trotz einer Bevölkerungsabnahme von gut 430.0000 Menschen hat die Gewaltkriminalität - wenn auch nur minimal - zugenommen. Trotz der allgemein verbreiteten Annahme, dass die stetige Steigerung, wie sie bis 2008 auch in der Grafik zu erkennen ist, sicherlich in den nächsten Jahren fortlaufen wird, stellt man fest, dass die Zahlen im Jahr 2009 etwas zurück gegangen sind. Laut statistischem Bundesamt wurde am 31.03.2009 eine Bevölkerungszahl von 81.882.342 festgehalten[21]. Trotz Abnahme der Gewaltkriminalität und bedingt durch die Abnahme auch in der Bevölkerung ergibt das einen Prozentsatz von 0,25% und damit immer noch höher als beispielsweise im Jahr 2000.

Bei Erklärungsansätzen dafür muss man allerdings vorsichtig sein. Denn aus Grafiken wie dieser ist nicht ersichtlich, ob und wie Mehrfachtäter berücksich-

---

[20]http://www.bib-demografie.de/cln_099/nn_1651246/DE/DatenundBefunde/02/Tabellen
/t_02_01_bevstand_d_1960_2060.html
[21]s. http://www.destatis.de/jetspeed/portal/cms/Sites/destatis/Internet/DE/Presse/pm
/2009/11/PD09_417_12411,templateId=renderPrint.psml

tigt werden. Demzufolge fehlen Informationen darüber, ob auch die Anzahl gewalttätiger Menschen gestiegen oder eben gesunken ist. Festzuhalten ist, dass bis einschließlich 2008 mehr Fälle erfasst wurden, nicht aber, ob die Menschen allgemein bereiter sind Gewalt anzuwenden. Des Weiteren ist die Frage, ob ein Anstieg Folge von Sensibilisierung ist. Werden die Menschen feinfühliger für das Thema Gewaltausübung, so werden auch mehr Fälle zur Anzeige gebracht. 1987 nehmen wir eine geringere Gewaltbereitschaft in der Bevölkerung wahr, was vermutlich auch daran lag, dass weniger Fälle zur Anzeige gebracht wurden und vieles sprichwörtlich unter den Teppich gekehrt wurde. Wie hoch die Dunkelziffer schätzungsweise ist, ist nicht bekannt.

Die relativen Zahlen zeigen, dass Anstiege und Abstiege der Gewaltkriminalität wirklich minimal sind. Das bestätigt die immer wieder auftretende Äußerung von Sozialpädagogen, Therapeuten oder Anti-Aggressivitäts-Trainern, die sich intensiver mit der Entwicklung der Gewaltstraftaten auseinandergesetzt haben, diese sie schon immer vorhanden gewesen, früher so wie auch heute und die Zahlen würden sich nicht bedeutend verändern. Auch sollte die Tatsache, dass viele Anzeigen gegen „Unbekannt" gestellt werden, Berücksichtigung finden. Diese Verfahren ziehen sich oft lange hin und werden meist eingestellt, da der Täter nicht ermittelt werden konnte. Diese Fälle treten in der PKS also ebenfalls nicht auf. Dies sollte nicht außer Acht gelassen werden.

Aus der Statistik wird außerdem festgehalten, dass gefährliche und schwere Körperverletzung, sowie Raub einen Großteil der Gewaltkriminalität ausmachen. Weitere Delikte wie etwa der erpresserische Menschenraub, die Geiselnahme oder der Angriff auf den Luft- und Segelverkehr haben - zumindest hier - quantitativ kaum eine Bedeutung.

Gründe dafür, dass die Gewaltkriminalität im Jahr 2009 zum ersten Mal (in der Grafik berücksichtigten Zeit) zurückgegangen ist, könnten die zu der Zeit bereits durchgeführten primären Präventionprojekte und die Sensibilisierung für das Thema „Gewalt" sein und ermutigen weiterhin und konstant in dem Bereich aktiv zu werden.

2.2 Entwicklung der Gewaltkriminalität bei Mädchen 2000-2009 anhand der PKS

Anknüpfend an das vorherige Kapitel wird nun ein kurzer Blick darauf geworfen, wie sich Gewaltkriminalität unter Mädchen in den Jahren 2000 bis 2009 entwickelt hat. Es geht hier nicht um erfasste Fälle, sondern lediglich um den Bestand der Tatverdächtigen im Bereich der Gewaltkriminalität. Für die folgende Tabelle fallen unter die Straftatengruppe der Gewaltkriminalität die Straftaten Mord, Totschlag und Tötung auf Verlangen, Vergewaltigung und sexuelle Nötigung, Raubdelikte, Körperverletzung mit Todesfolge, gefährliche und schwere Körperverletzung, erpresserischer Menschenraub und die Geiselnahme. Die Zahlen beziehen sich auf die Gewaltkriminalität allgemein in der Bundesrepublik Deutschland.

	2000	2005	2008	2009
Insgesamt	176.319	206.557	208.277	204.265
männl. Anteil	88,5%	87,4%	86,7%	86,3%
weibl. Anteil	11,5%	12,6%	13,3%	13,7%

Tabelle 2.1: Geschlechtsstruktur der Tatverdächtigen

Laut polizeilicher Kriminalstatistik (PKS) konnten aus den aufgeklärten Fällen im Jahr 2000 176.319 Tatverdächtige für die Straftatengruppe der Gewaltkriminalität erfasst werden. Der männliche Anteil beträgt dabei 88,5%, der weibliche 11,5%. Dies bestätigt einerseits die weit verbreitete Annahme und letztendlich auch Feststellung, Gewaltkriminalität sei von Männern dominiert. Andererseits bestätigt es aber auch die Tatsache, dass es Mädchen und Frauen gibt, die gewaltkriminell werden, diese sogar in der polizeilichen Kriminalstatistik auftauchen und nicht zu vernachlässigen sind.
Mit einem Blick auf die Tabelle 2.1 lässt sich schnell erkennen, dass sich nicht nur die Tatverdächtigenanzahl allgemein erhöht, sondern auch der weibliche Anteil ansteigt.
Es ist ein Anstieg von 11,5% im Jahr 2000, über 12,6% im Jahr 2005, bis hin zu 13,3% im Jahr 2008 und letztendlich 13,7% im Jahr 2009 zu vernehmen. Zahlen, die aufgrund ihres Spielraumes nach oben zunächst nicht erschreckend sind. Ein minimaler Anstieg, der jedoch kontinuierlich passiert, sollte dennoch stets Beach-

tung finden. Aus dem Kurzbericht der PKS 2009 lässt sich grob erkennen, dass die Zahlen für 2010 auch in diesem Bereich weiter ansteigen werden, was den weiblichen Anteil betrifft.[22]

Die Straftatengruppe innerhalb der Gewaltkriminalität mit dem höchsten weiblichen Anteil ist im Jahr 2000 Totschlag und Tötung auf Verlangen, gefolgt von schwerer und gefährlicher Körperverletzung. 2005 ist es die Körperverletzung mit Todesfolge (bereits eine Steigerung zu 2000, als „lediglich" schwere und gefährliche Körperverletzung an zweiter Stelle stand). Sie ist gefolgt von gefährlicher und schwerer Körperverletzung, Mord, Totschlag und Tötung auf Verlangen. In den Jahren 2008 und 2009 verteilt sich der weibliche Anteil etwas mehr auch auf andere Straftatengruppen[23]. An der Spitze bleibt jedoch Körperverletzung mit Todesfolge, was allerdings unter anderem auch daran liegt, dass es in dieser Gruppe weitaus weniger Tatverdächtige gibt und somit der Prozentsatz bei einer geringeren absoluten Zahl höher ist. Bei der Betrachtung der absoluten Zahlen sind die meisten tatverdächtigen Frauen und Mädchen im Bereich der gefährlichen und schweren Körperverletzung und der Raubdelikte anzusehen.

Bemerkenswert ist, dass die Straftatengruppen, bei denen die Frauen und Mädchen ihren größten Anteil haben, bei den Männern den „niedrigsten"[24] Anteil haben. Sie haben prozentual für jede Straftatengruppe einzeln gesehen ihren höchsten Anteil bei der Vergewaltigung und sexuellen Nötigung, der Geiselnahme und bei Raubdelikten.

Die Tabelle 2.1 verdeutlicht, dass der weibliche Anteil der Tatverdächtigen (und somit vermutlich auch im Bereich der erfassten Fälle) minimal aber kontinuierlich ansteigt. Welche Aussagekraft diese Zahlen letztendlich haben, bleibt eine Annahme. Wie bereits in Kapitel 2.1 erwähnt sind viele Menschen mittlerweile für das Thema Gewalt sensibilisiert worden. Viele Fälle werden sicherlich schneller zur Anzeige gebracht als noch vor einigen Jahren. Das könnten beispielsweise die Fälle sein, die 2009 vermutlich erfasst und 2000 noch nicht erfasst wurden, nun aber in der Statistik auftauchen.

Außerdem werden viele Verfahren eingestellt oder benötigen einen Zeitraum von mehreren Jahren bis zur Aufklärung der Fälle. Diese tauchen dann fälschlicherweise erst in einer späteren PKS auf und nehmen den Zahlen ihre Aussagekraft.

---

[22]vgl. http://www.bka.de/pks/pks2009/download/pks2009_imk_kurzbericht.pdf, S.29
[23]s. Anhang A.1, Polizeiliche Kriminalstatistik 2000-2009
[24]„niedrigster" Anteil unter Berücksichtigung, dass auch der noch bei den Männern bei weit über 80% liegt

Auch eine Dunkelziffer lässt sich nicht ausschließen. Nicht alle Fälle werden erfasst, nicht alle zur Anzeige gebracht und viele Mädchen und Frauen (gerade, was gewaltbereite Gruppen betrifft) können auch in den Zahlen der Tatverdächtigen fehlen. Für die weitere Arbeit wird festgehalten, dass es einen weiblichen Anteil in der Gewaltkriminalität gibt und dass dieser - trotz des Rückgangs der allgemeinen Gewaltkriminalität in der Bundesrepublik Deutschland - angestiegen ist und nicht außer Acht gelassen werden soll. Dieser Anteil wird sicherlich nicht durch die pädagogische Arbeit gelöscht werden können, jedoch kann versucht werden, den Anteil nicht wachsen zu lassen.

Wie die Gewaltausübung bei Mädchen aussehen kann und welche Motive dahinter stecken können, wird in den nachfolgenden Kapiteln ausführlich dargestellt.

2.3 Erscheinungsformen weiblicher Gewaltausübung

Mädchen schreien, schimpfen und schlagen, wenn sie wütend sind, ebenso Jungen. „Dennoch" neigen Mädchen immer mehr dazu, aggressiv zu werden. Dabei fällt auf, dass sie nicht nur unerwünscht und unermessen aggressiv werden, sondern häufig auch „nützliche Aggressivität" [25] ausleben. Damit ist beispielsweise mehr Durchsetzungsfähigkeit und Ehrgeiz bei Mannschaftsspielen im Sport gemeint. Ein weiterer „positiver" Aspekt der Mädchengewalt ist, dass die Mädchen anfangen, sich zu wehren und sich zu widersetzen. Sie nehmen nicht mehr alles nur hin. Sie vertreten immer mehr ihren Standpunkt und wollen ihre Meinung durchsetzen. Sie wehren sich, wenn sie sich angegriffen fühlen und verteidigen sich, wenn es nötig ist. Dies macht die Loslösung vom traditionellen und veralteten Frauenbild (wie es etwa im Rechtsextremismus oder in einigen Glaubensrichtungen vertreten wird), sich nicht rühren zu sollen, artig und angepasst zu sein und an jegliche Form von Regeln zu halten, deutlich.

Es gibt verschiedene Formen von Gewalt und Aggression, derer sich Jungen und Mädchen anders bedienen. Im Folgenden werden allgemeine Aggressionsformen vorgestellt und wie deren Ausübung insbesondere bei den Mädchen aussieht.

---

[25]vgl. Krowatschek/Theiling, 2008

Verbale Aggression

Die verbale Aggression ist gekennzeichnet durch Schreien, Schimpfen, Fluchen, Bloßstellen und Niedermachen. Sie ist eine der offensichtlichsten Formen, die den Wandel der Frauenrolle verdeutlicht. Denn eine Frau wehrt sich verbal. Verbale Aggression läuft häufig in hohen Lautstärken ab und bereitet den Betroffenen viele Schwierigkeiten, die Situationen handzuhaben. Das liegt unter anderem daran, dass verbale Attacken auf andere Mitmenschen häufig emotionale Verletzungen mit sich ziehen, die im Anschluss nur schwer zu ertragen und vor allem zu verarbeiten sind. Krowatschek und Theiling haben dazu sehr praxisnah gearbeitet und Gespräche mit Betroffenen geführt. Sie kommen zu dem Entschluss, „die Häufigkeit verbaler Aggression [habe] im Alltag der Mädchen extrem zugenommen und betrifft nicht nur eine Randgruppe, sondern alle, auch die angepassten und braven Mädchen."[26] Der häufigste Grund, aus dem Mädchen verbal aggressiv reagieren ist der, kritisiert worden zu sein. Viele können es nicht ertragen, wenn sie verbessert oder in Frage gestellt werden und verlieren die Kontrolle über ihre Äußerungen. Auch hier findet eine Reaktion auf die o.g. emotionale Verletzung statt.

Die vulgäre Sprache, die sich bei den weiblichen Jugendlichen oft durch Wörter, wie „Schlampe", „Fotze", „Bitch" oder „Opfer" äußert, wird gerne auch für positive Äußerungen oder Gefühle wie Freude verwendet. Dazu folgendes Praxisbeispiel von Krowatschek und Theiling. *„Auf dem Schulhof bekommt ein Mädchen von ihren Freundinnen ein Geschenk überreicht. Sie freut sich scheinbar über dieses Geschenk, umarmt ihre Freundinnen und sagt in etwa Folgendes: ‚Oh Scheiße, das ist ja geil. Ihr blöden Bitches habt so lange rumgemacht und nichts gesagt.'"* [27] Hier wird vor allem deutlich, wie eingebettet diese vulgäre Sprache in den alltäglichen Sprachgebrauch der Jugendlichen ist. Wörter wie „Scheiße" werden unbewusst und automatisiert und sowohl für positive als auch negative Äußerungen benutzt. Sie zeigen und beweisen damit Coolness gegenüber anderen, meinen sich abgrenzen zu können und charakterisieren damit ihre eigene jugendliche Subkultur.

---

[26] vgl. Krowatschek/Theiling, 2008, S.27
[27] vgl. Krowatschek/Theiling, 2008, S.28

Körperliche Gewalt

Bei der körperlichen Gewalt richten sich die damit verbundenen Aggressionen bei den Mädchen eher nach innen; sie reagieren mit introvertierter Gewaltausübung. Äußerlich sind sie durch psychosomatische Beschwerden, Ängste und Depressionen zu erkennen. Aber es gibt natürlich auch das andere Extremum. Immer mehr weibliche Jugendliche vergreifen sich an Gleichaltrigen, Gleichgeschlechtlichen, Senioren, ausländischen Mitbürgern usw.. Was damals Einzelfälle waren, sind heute schon regelmäßige Fälle wie man den Statistiken 2.1 entnehmen kann. Dass sie dabei scheinbar überwiegend gegen Gleichgeschlechtliche ausfallend werden, lässt sich statistisch bisher noch nicht beweisen, wird aber angenommen. Themen, die Anlässe und Auslöser für die Gewaltausübung bieten, können Neid, Eifersucht, Mobbing, Lästereien, Kritik oder Konkurrenz sein.

Vandalismus

Auch im Bereich des Vandalismus lassen sich nicht mehr nur männliche Täter feststellen. Spielplätze und öffentliche Toiletten sind ein großer Anlaufpunkt für Vandalismus. Dass dieser auch von Mädchen praktiziert wird, lässt sich vor allem auf den Schultoiletten erkennen. Diese sind häufig dreckig, teilweise zerstört und die Wände sind mit obszönen und vulgären Sprüchen beschrieben.

Mädchen-Gangs

Die von vielen gefürchtete aller Gewaltformen ist die Gewalt in und durch Gruppen. In diesem Fall, die sogenannten „Mädchen-Gangs". Schlagzeilen wie „Mädchenbande erpresst Bargeld von Jungen"[28] oder „Pistolengirls ohne Gnade"[29] suggerieren die Bedrohlichkeit solcher Gruppen. Sie stehen für organisierte, geplante als auch willkürliche Gewaltausübung. Die Struktur solcher Gangs ist immer sehr ähnlich. In jeder Gruppe wird es eine Anführerin geben. Sie steht für die Stärkste und Größte und hat das Sagen. Manchmal hat sie eine „Assistentin", die sie in ihren Entscheidungen unterstützen und bestätigen muss. Alle anderen

---

[28]sueddeutsche.de, 16.04.2009 http://www.sueddeutsche.de/bayern/683/465275/text/
[29]Conny Neumann,Spiegel,3/2004,S.106

sind der Anführerin unterlegen. Wer in der Gruppe sein will, muss „mitziehen".
[30] Das Verhältnis zur Anführerin ist gekennzeichnet durch Bewunderung einerseits, aber auch durch Angst und Ohnmacht andererseits. Bewunderung, dass
sie stark und selbstbewusst ist, dass sie ihre Meinung durchsetzen kann und
alles im Griff hat. Angst aber davor, das nächste Opfer zu werden. Die Gruppenmitglieder werden soweit beeinflusst von ihrer „Obersten", dass sie gemeinsam
wieder andere Menschen manipulieren und sie zu ihren Opfern machen. Andere
werden ausgegrenzt, niedergemacht oder soweit bearbeitet, dass sie in die Gang
aufgenommen werden können. Solche Gruppen zeugen von hoher sozialer Kompetenz. Sie wirken unscheinbar und haben die Macht, ihre Mitmenschen soweit
zu manipulieren, dass diese tun, was sie wollen. Vieles passiert auch heimlich,
z.B. in Schulklassen. Lehrer bekommen selten und nur sehr spät mit, wenn jugendliche Banden sich verbünden und ihr Unwesen gegen die anderen treiben.
Die Banden sind geschickt, clever und unberechenbar. Sie wissen genau, was
sie tun.

2.4 Ursachen und Hintergründe in Bezug auf die Adoleszenz

Viele Aspekte bezüglich der Ursachen und Hintergründe von Gewalt wurden be-
reits in Kapitel 1.3 dargestellt. In diesem Kapitel soll es explizit darum gehen, den
Entstehungskontext von Gewalt bei Mädchen im Hinblick auf die Entwicklungs-
und Sozialisationsphase der Adoleszenz zu diskutieren.
Die Adoleszenz ist der Abschnitt in der Entwicklung eines Menschen, der den
Übergang von der Kindheit oder Pubertät hin ins Erwachsenenalter beschreibt.
„Dazu müssen Jugendliche eine gewisse Stabilität ihrer Persönlichkeit entwickeln
und gesellschaftsfähig werden."[31] In dieser Phase entwickeln Menschen sich sowohl körperlich als auch sozial und emotional zu Heranwachsenden. Die Weltgesundheitsorganisation definiert für diese Phase die Altersspanne von 10 bis
20 Jahre, da die Adoleszenz immer von der bisherigen individuellen Entwicklung
abhängig ist.

---

[30]vgl. Krowatschek/Theiling, 2008, S.34-38
[31]Schröder/Merkle,2009, S. 27

In dieser Lebensphase finden viele Umbrüche und Erneuerungen statt, die Jugendliche verarbeiten müssen. Es ist vor allem eine Phase der Selbstfindung. Jugendliche müssen Dinge und Sachverhalte in Frage stellen, sich damit auseinandersetzen, sich neuen Strukturen zu- oder abwenden. Sie haben die Möglichkeit sich auszuprobieren, sei es im sexuellen Bereich oder im Leistungsbereich. Am deutlichsten wird die Adoleszenz mit der körperlichen Veränderung. Die Entwicklung des weiblichen Körpers und die plötzlich eintretende Fruchtbarkeit der Frau erzwingen die Auseinandersetzung mit der eigenen Geschlechterrolle. Welche Bedeutung das Geschlecht für einen Jugendlichen hat und wie er es in den weiteren Entwicklungsprozessen mit einbinden möchte, entscheidet jeder selbst. Des Weiteren findet zu diesem Zeitpunkt die Ablösung von der Familie statt. Die Jugendlichen wollen selbstständig, autonom und unabhängig sein; Frauen entwickeln häufig das Bewusstsein dafür, sich von der Familie abzugrenzen, um bald eine eigene Familie zu gründen. In Kombination mit der Entwicklung des politischen und ethischen Bewusstseins und der Schaffung eigener Werte- und Normensysteme entwickeln Jugendliche oft Allmachtsphantasien. Sie haben das Gefühl, alles machen zu können und zu dürfen, was sie wollen. Nicht selten kommt es dann dazu, dass sie in Krisen fallen und Rückschläge erleiden. Vor allem deswegen, weil ihre Vorstellungen und Umorientierungen nicht mit vorherrschenden Wertesysteme oder Regeln übereinstimmen. Entwicklungsaufgabe ist es hier, aus diesen Krisen zu wachsen. Sie zu bewältigen und sich neu zu strukturieren sowie Erkenntnisse aus ihren Konflikten zu gewinnen.

Vielen gelingt dies nicht. Ein Mittel, mit dem Jugendliche dann versuchen ihre Pläne durchzusetzen, kann Gewalt sein. Bei Mädchen kommt es häufig vor, dass sie während der Adoleszenz in depressive Phasen verfallen und ein geringes Selbstwertgefühl entwickeln. Sie benötigen dann viel Halt und Bestätigung, was häufig durch den Eintritt in Jugendgruppen erlangt werden kann. Diese Jugendgruppen können dann dazu verhelfen, die Adoleszenz zu meistern, indem durch das Gruppengefüge ein eigenes Wertesystem aufgebaut wird, mit dem alle einverstanden sind. Darauf soll im nächsten Kapitel noch genauer eingegangen werden.

Werden Mädchen dann gewalttätig, weil sie sich in Konfliktsituationen nicht anders zu helfen wissen, versuchen sie, sich durch Gewalthandlungen abzugrenzen, sich zu verteidigen oder sich vor anderen zu schützen. Zusätzlich scheint es ihnen Respekt zu verschaffen und in Gruppen erhalten sie häufig eine Statusaufwertung.

Jugendliche müssen in der Adoleszenz viele Entwicklungsaufgaben bewältigen. Oft ist die Schule die erste Instanz, die Rückschläge in Form von Schulschwänzen, Unkonzentriertheit, Gleichgültigkeit etc. wahrnehmen kann. Misserfolge wie Wiederholungen, Schulwechsel oder Schulverweise können den Entwicklungsverlauf beeinträchtigen oder begünstigen.

2.5 Bedeutung der Jugendgruppe für Mädchen

Ob nun gewaltbereit oder nicht, Mädchen schließen sich, ebenfalls wie Jungen, Jugendgruppen an. Kirsten Bruhns und Svendy Wittmann führten eigene Untersuchungen zum Thema Mädchen in gewaltauffälligen Jugendgruppen durch. Diese stellten heraus, dass viele Mädchen, die sich gewaltbereiten Gruppen anschließen, aus problembelasteten Familien kommen. Sie erleben zu Hause Gefühle der Ignoranz, Vernachlässigung und Gleichgültigkeit. Oft sind diese Familien auch ökonomisch eher schwach eingestuft. Die Mädchen selbst seien häufig in der Schule sitzen geblieben, schwänzen oder mussten einen Schulwechsel vornehmen. Wieder andere erleiden hohe Frustrationen bei ihrer Ausbildungssuche und auch Diskriminierung scheint ein Thema zu sein.

Was die Jugendlichen selbst allerdings als Problem ansehen, hängt davon ab, in welchen Gruppen sie integriert sind. Denn die Gruppenhomogenität sorgt für ein Bewusstsein darüber, dass die vorherrschende Lage „normal" ist. Ist ein Mädchen Mitglied in einer Clique, in welcher niemand einen Schulabschluss hat, so wird dieses Mädchen es vermutlich nicht als sonderlich schlimm ansehen, keinen Schulabschluss zu haben.

Die Gründe, aus denen sich Mädchen Jugendgruppen anschließen sind nachvollziehbar. Die Gruppe bietet eine Alternative zur Familie und in Bezug auf die Entwicklung eine Sozialisations- und Entwicklungsinstanz. Die Sozialisationsinstanz „peer-group" wird in diesem Zusammenhang dem Kapitel 3 vorweg genommen. Mädchen finden Halt und Sicherheit in der Gruppe. Sie haben großes Vertrauen in ihre Freunde oder Gruppenmitglieder und entwickeln dadurch ein enormes Zugehörigkeitsgefühl. Sie sind Teil einer Gruppe und funktionieren womöglich noch in dieser. Sie übernehmen eine bestimmte Rolle in der Gruppe und halten sich an

Regeln, die ihnen zusagen. Den Personenkreis suchen sie sich nach den für sie selbst akzeptierten Normen- und Wertegraden aus und irgendwann werden sie sich selbst über die Gesamtheit der Gruppe definieren. Gerade für die Mädchen ist auch der kommunikative Austausch in den Cliquen sehr wichtig. Probleme, die sie zu Hause nicht ansprechen, kommen hier zur Sprache und sie versprechen sich von Gleichaltrigen/Freunden/Gruppenmitgliedern mehr Verständnis als von den Eltern.

Außerdem verbringen Jugendliche viel Zeit in ihrer Bande. Sie unternehmen zahlreiche gemeinsame Aktivitäten, haben Spaß und organisieren ihre gemeinsame Freizeit. Sie genießen das Leben nach ihren Vorstellungen.

Warum kommt es nun häufig zu gewalttätigen Auseinandersetzungen in oder zwischen Gruppen? „Mädchen und Frauen [werden] bei ihren Gewaltaktionen von affektiver Erregung geleitet (...) und nicht, weil sie (...) dadurch den eigenen Status erhöhen oder sich sozial durchsetzen bzw. Anerkennung erlangen wollen (...)."[32] So sagt es Prof. Dr. Andreas Böttger, Professor an den Universitäten Hannover und Hamburg, und diese Meinung scheint auch weit verbreitet zu sein.

Viele Mädchen berichten aber auch davon, zuzuschlagen, bevor man selbst geschlagen wird, d.h. Gewalt dient hier als Selbstschutz. Die Mädchen versuchen sich scheinbar durch ihr gewaltbereites Auftreten Respekt sowohl gegenüber anderen Gruppenmitgliedern als auch gegenüber anderen Jugendgruppen zu verleihen. Sie schüchtern ihr Gegenüber ein und müssen idealerweise keine Angst vor möglichen Konsequenzen, wie z.B. einer Anzeige wegen Körperverletzung, bangen. Sie flößen ihren Opfern so viel Respekt und Angst ein und verdeutlichen oft schon die Auswirkungen (in Form von Gewalt) für eine möglicherweise folgende Anzeige. Auslöser für eine Gewalttat aus der Gruppe heraus können Lügen über Gruppenmitglieder, Eifersucht, Lästereien oder Konkurrenz sein. Schlagen Mädchen andere Mädchen geht es häufig um genau diese Themen. Oftmals wollen sie dann Freundinnen oder andere Mädchen zur Rechenschaft ziehen, wenn es zum Beispiel um Personen des anderen Geschlechts geht. Treffen Mädchen auf Jungengruppen und werden gewalttätig, so hat es häufig den Grund einer Anmache oder sexuellen Belästigung, vor welcher sie sich schützen wollen.

---

[32] Böttger in Bruhns/Wittmann, 2002, S.20

Das Leben in einer Gruppe hat für Jugendliche eine große Bedeutung und ist ein großer Bestandteil des Alltags, vor allem im Zuge der Sozialisation. Hier beginnt der erste Ablösungsprozess von der Familie hin zur Autonomieentwicklung. Dass der Stellenwert bei den Mädchen ein ganz besonderer ist machen Bruhns und Wittmann in folgendem Satz deutlich: „Vor allem bei den ‚Straßenkids' geht es den Mädchen weniger um die Konfliktursachen als vielmehr darum, durch ihre Beteiligung auszudrücken und zu beweisen, dass die Gruppe zusammenhält."[33] Der Gruppenzusammenhalt ist also von enormer Wichtigkeit, denn dadurch ist das Vertrauen in die Gruppe fundiert.

Zusammenfassend zeigt das gesamte Kapitel, dass Gewalt häufig eine alternative Reaktion für viele Jugendliche darstellt. Bereits in der Sozialisationsinstanz Familie ist es wichtig, dass sie Kompetenzen vermittelt und vorgelebt bekommen, die einen anderen Umgang mit Konflikten vermitteln. Auch ist die Familie ein zentraler Punkt, wenn es um Respekt geht. Sollte es wirklich Mädchen geben, die sich durch Gewalt Respekt verschaffen wollen, so ist nachzuforschen, ob es nicht auch andere Möglichkeiten gibt, sich Respekt zu verschaffen. Da könnte unter anderem die Rolle in der Familie und die Einstellung der Eltern von Bedeutung sein und in der sozialen Arbeit ein Ansatzpunkt für die Arbeit mit diesen Mädchen. In Anti-Gewalt-Trainings ist es dann z.B. möglich mit den Mädchen Alternativen zu erarbeiten. Sie haben die Möglichkeit, herauszustellen, was außer Gewalt für sie die gleiche Funktion erfüllen würde.
Um nun anschließend an der Beudeutung der Jugendgruppe und damit auch jener Sozialisationsinstanz fort zu fahren, wird im nächsten Kapitel das Thema „Sozialisation" bearbeitet.

---

[33]vgl. Bruhns/Wittmann, 2002, S. 120

3 Sozialisation im Zusammenhang der Genderforschung

Der Begriff der geschlechtsspezifischen Sozialisation, welcher in diesem Kapitel häufig Verwendung findet, ist zunächst recht schwierig einzuordnen. Er unterstellt, dass Jungen und Mädchen grundsätzlich einen unterschiedlichen Sozialisationsverlauf haben. In diesem Kapitel soll der Begriff vielmehr als Annahme benutzt werden.

3.1 Begriffsdefinition Sozialisation

Durch das Leben in einer zweigeschlechtlichen Kultur, bleibt die Frage offen, ob man ist, was man ist, weil unser biologisches Geschlecht es uns vorgibt oder die soziokulturellen Einflüsse uns prägen. Die von dem Sozialisations- und Gesundheitsforscher Klaus Hurrelmann festgelegte Definition des Begriffes „Sozialisation" beantwortet diese Frage- zumindest für die vorliegende Arbeit- und soll als Grundlage dienen.

Demnach bezeichnet Sozialisation „den Prozess der Entwicklung der Persönlichkeit in produktiver Auseinandersetzung mit den natürlichen Anlagen, insbesondere den körperlichen und psychischen Grundmerkmalen (...) und mit der sozialen und physikalischen Umwelt (...).".[34]

Die körperlichen Grundmerkmale stellen zunächst das biologische Geschlecht eines Individuums dar, welches wohl das eindeutigste der spezifischen Geschlechtsmerkmale ist. Die psychischen Merkmale zeichnen die aktuellen Verfassungen

---

[34]Hurrelmann, 2002, S.7

mit dazugehörigen Emotionen und Einstellungen aus. Mit der sozialen und physikalischen Umwelt ist im Allgemeinen die Gesellschaft und das Milieu gemeint.

Grundsätzlich hält der Sozialisationsforscher fest, dass der Mensch stets zwi-
schen einer aktiven und einer passiven Rolle im Sozialisationsprozess wechselt.
Einerseits wird er von der Umwelt beeinflusst, andererseits hat er aber auch die
Möglichkeit, sie selbst zu gestalten, er ist Subjekt. Menschen werden zunächst in
Situationen hinein geboren und können vorerst nichts daran ändern (z.b. berufliche, finanzielle und soziale Situation der Eltern). Ebenso wird bei der Geburt das
Geschlecht festgelegt: männlich oder weiblich. An diesem Punkt wird der Sozialisationsprozess eingeleitet. Das Kind hat die Möglichkeit, seine Umwelt selbst zu
erforschen und dabei zu lernen, bekommt aber auch Vieles von den Eltern vorge-
schrieben und beigebracht. Dieser Alltag und die damit verbundenen Werte und
Normen sind abhängig von der sozialen Position und dem Umfeld der Familie.[35]

Zentraler Prozess in der Sozialisation ist die Entwicklung und Veränderung der
Persönlichkeit. Die Persönlichkeit ist nach Hurrelmann jenes individuelle Konstrukt, welches sich aus Einstellungen, Charaktereigenschaften, Gefühlen und
Kompetenzen zusammenfügt. Dazu gehören also nicht nur Verhaltensweisen, die
von außen beobachtbar sind, sondern auch innerpsychische Prozesse jedes Einzelnen, wie z.B. Gefühle, aber auch das individuelle Wissen.
„Zur Persönlichkeit gehört diese Individualität (...) ebenso wie der Sozialcharak-
ter, den die Mitglieder einer Gesellschaft miteinander teilen(...).".[36] Der Sozial-
charakter meint Verhaltens- und Denkweisen, die aufgrund von Erfahrung einer
gemeinsamen Gruppe, wie beispielsweise einer Nation, entstanden sind. Aus diesen beiden Komponenten ergibt sich letztendlich die „Gesellschaftsfähigkeit" eines Menschen im Zuge des Sozialisationsprozesses.
Jedes Individuum bewegt sich in vielen verschiedenen sozialen Umwelten, die
mehr oder weniger in Abhängigkeit zueinander stehen. So hat zum Beispiel die
plötzliche Schließung eines Kindergartens (Institution) Einfluss auf die Eltern-
Kind-Beziehung (Familie).

---

[35]vgl. Hurrelmann, 2002
[36]vgl. Rolff in: Tillmann, 2007, S.12

Klaus-Jürgen Tilmann hat ein Modell zur Struktur der Sozialisationsbedingungen veröffentlicht (s. Abb 3.1). Dieses Modell soll verdeutlichen, wie verschiedene Faktoren auf die Persönlichkeitsentwicklung einwirken können. Im Sozialisationsprozess gibt es vier Ebenen, denen bestimmte Komponenten zugeordnet werden. Diese Komponenten beinhalten Einflüsse, die zum jeweiligen Sozialisationszeitpunkt wirken.

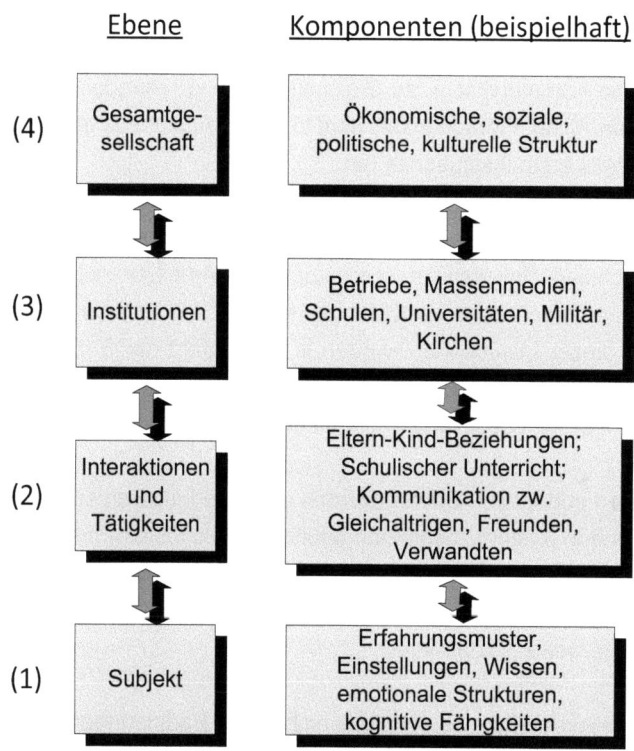

Abbildung 3.1: Struktur der Sozialisationsbedingungen
Quelle: Tillmann, 2007, S. 18

Auf der ersten Ebene steht das Subjekt selbst im Zentrum der Sozialisation. Durch die Interaktionen mit anderen erlangt es Fähigkeiten zur Entwicklung der eigenen Persönlichkeit mit ihren spezifischen Merkmalen. Erfahrungen, sich entwickelnde Einstellungen, die Ausbildung emotionaler Strukturen und das eigene Wissen haben Einfluss auf die Entfaltung und befähigen das Subjekt zum Handeln.

Die zweite Ebene beinhaltet die Interaktionen und Tätigkeiten. Durch die aus der ersten Ebene erworbenen Fähigkeiten kann das Subjekt nun gezielt in Interaktion treten. Dies geschieht durch die Beziehung zu den Eltern und Geschwistern, durch die Kommunikation zu Gleichaltrigen und Freunden oder aber auch im schulischen Alltag. Gerade in der Schule ist der Austausch ganz grundlegend und leitet bereits erste Institutionen ein.

Die dritte Ebene umfasst die soziale Umwelt der Institutionen. Dazu zählen Kindergärten, Schulen, Universitäten sowie später der Arbeitsbetrieb. Aber auch Medien, Kirchen oder politische Einrichtungen können Teil der Sozialisation werden. Die meisten dieser Institutionen wurden in Anbetracht der Sozialisation eingerichtet. Die Subjekte erlangen in Einrichtungen wie Schule oder Kindergarten die Kompetenzen, um am gesellschaftlichen Leben teilnehmen zu können.

Auf der vierten und letzten Ebene, werden all diese Faktoren zu einem gesamtgesellschaftlichen System zusammengeführt, in welches ein Subjekt letztendlich eingebettet wird. In dieser „Endphase" wird es von der ökonomischen, sozialen, politischen und kulturellen Struktur der Gesellschaft beeinflusst und muss sich in diesem Gefüge weiter sozialisieren.

Dieses Modell verdeutlicht, dass viele verschiedene Bedingungen Einfluss auf die Entwicklung der Persönlichkeit nehmen und es letztendlich auf eine gesamtgesellschaftliche Struktur hinausläuft. Die Rahmenbedingungen der nächste Ebene legen die Abläufe der darunter befindenden Ebene fest. Denn nur mit den nötigen Fähigkeiten, die auf einer bestimmten Ebene erlangt werden können, kann das Subjekt die Prozesse in der nächsten Ebene meistern. Die doppelseitigen Pfeile signalisieren, dass die einzelnen Ebenen gegenseitig Einfluss aufeinander nehmen können. „Auf diese Weise sind Prozesse der gesellschaftlichen *Makroebene*

(gesamtgesellschaftliche Strukturen, Institutionen) mit Prozessen der *Mikroebene* (Interaktion, Subjektentwicklung) verknüpft.".[37]
Des Weiteren läuft Sozialisation in sogenannten Phasen ab. Diese Phasen strukturieren sich durch das Alter und die damit verbundenen Übergänge. Das zuvor dargestellte Ebenen-Modell schließt ein Phasenmodell mit ein. Die Phasen beginnen im Säuglingsalter, gehen über die frühe Kindheit mit Eintritt in den Kindergarten hin zur Kindheit mit dem Beginn der Schule. Danach folgen die Phase der Jugend mit dem Prozess der Geschlechtsreifung, das Erwachsenenalter mit dem Eintritt in die Berufstätigkeit oder Gründung einer Familie und am Ende befinden sich Menschen in der Phase des Alters, welche die Pensionierung mit sich zieht. Das Ganze verdeutlicht nochmals, wie einflussreich die Institutionen und Interaktionen im Zusammenhang mit dem gesellschaftlichen Leben sind. Ob nun Phasen oder Ebenen, die Entfaltung auf jeder einzelnen Stufe ist ganz individuell.

Aus dem Modell lässt sich schlussfolgern, dass der Mensch ein aktiv handelndes Subjekt ist. Er ist durch gesellschaftliche Vorgaben in seinem Handeln nicht gebunden, zumindest nicht dauerhaft und nicht ständig. Es sind immer eine Vielzahl von anderen Subjekten und Institutionen, sowie Persönlichkeitsmerkmalen und gesellschaftlichen Strukturen an einem Sozialisationsprozess beteiligt.
Die Sozialisation findet ein Leben lang statt und soll das gesellschaftliche Miteinander aushaltbar machen.
Für die Mädchengewalt könnte dies bedeuten, dass sich die Mädchen mit entsprechenden Kompetenzen und Unterstützungen vereinzelten negativen Einflüssen entziehen können. Das hängt jedoch ganz von der Persönlichkeit und eben allen anderen Faktoren ab, die Gewalt auch begünstigen.

3.2 Geschlechtsspezifische Sozialisation

Die zweigeschlechtliche Kultur, in welcher wir leben, lässt es nicht aus, dass sich bestimmte Verhaltensmuster bezüglich der Geschlechter ihrer Kinder bei den meisten Familien erkennen lassen. Sie kleiden Jungen und Mädchen in bestimmten Farben, mit bestimmten Kleidungsstücken und verschaffen den Kindern

---

[37]vgl. Tillmann, 2007, S.17

passende Frisuren. Nicht zu vergessen ist die Namensgebung, bei welcher viel Wert darauf gelegt wird, deutlich heraushören zu können, ob es ein männlicher oder weiblicher Name ist. „Gefangen" in diesen Zuschreibungen werden die Kinder in eine gewisse Art von Verpflichtung gedrängt, sich auch entsprechend als Junge oder Mädchen inszenieren zu müssen (vor Verwandten, vor Fremden etc.). Denn häufig wollen Eltern, dass auch außerfamiliäre Personen direkt erkennen, welchem Geschlecht ihr Kind angehört.

Hannelore Faulstich-Wieland formuliert die vorangegangenen Ausführungen ganz zentral. „Die sozialen und kulturellen Differenzierungen bestimmen insgesamt über die Enge oder Weite der Verhaltensmöglichkeiten, die bei Mädchen bzw. bei Jungen gefördert, gewünscht und toleriert werden.".[38]
Die Aussage bezieht sowohl die kulturell-soziologische Sicht, die davon ausgeht, das Geschlecht sei eine erlernte Handlungsweise, als auch die behavioristische Sicht, das Lernen am Modell durch Sanktionen und Belohnungen, mit ein. Die Biologen allerdings entgegnen, dass das Geschlecht nicht durch die Gesellschaft beeinflusst werden kann, zumindest nicht hauptsächlich, denn sonst würde man spezifische Geschlechtsmerkmale nicht auch in anderen Kulturen vorfinden.
Wesentlicher Aspekt ist auf jeden Fall, dass Sozialisation ebenfalls aktiv ist. Kinder können selbst gestalten, Kinder können selbst entscheiden. Aus einem großen Repertoire von Normen, Werten, Handlungsalternativen und Zuschreibungen können und sollten sie wählen. Denn nur so können autonome Individuen entstehen. Im nachfolgenden Teil werden spezifische Abläufe bzgl. der Geschlechter in den Sozialisationsinstanzen Familie und Schule dargestellt. Die dritte wichtige Instanz der peer-group wird an dieser Stelle nicht aufgegriffen, da sie bereits in Kapitel 2.5 erläutert wurde, soll aber dennoch nicht aus dem Blickwinkel des Sozialisationsprozesses herausfallen.

3.2.1 Geschlechtsspezifische Sozialisation in der Familie

Die Familie ist die erste Sozialisationsinstanz, in die Kinder direkt nach der Geburt hinein geboren werden. Daher wird sie als „primäre Sozialisationsinstanz"

---

[38]Hurrelmann/Grundmann/Walper(Hrsg.), 2008, S.242

bezeichnet, denn sie hat die „früheste undnachhaltigste Prägung"[39] zur Folge. Erste Zeichen, dass Eltern bereits während und nach der Schwangerschaft geschlechtsspezifisch mit ihren Säuglingen umgehen wurden bereits genannt. Die Eltern entgegnen allen Kindern mit einer bestimmten Erwartungshaltung. Sie wollen wissen, ob sie es mit einem Jungen oder einem Mädchen zu tun haben. Die gesamte Kommunikation, die mit Kind stattfinden wird, zieht geschlechtsspezifische Aspekte mit sich.

Eine amerikanische Studie hat gezeigt, dass sogar das Spielzeug und die damit verbundenen Spielabläufe variieren. So bekommen Mädchen häufig Puppen geschenkt, mit denen sie in das Rollenspiel treten können und Kooperation sowie Kommunikation Grundlage des Spiels werden. Jungen hingegen werden gerne mit Autos beschenkt. Ihre Spiele damit sind sehr phantasiereich und zum Teil aggressiv. Grundsätzlich besitzen Jungen weitaus mehr materielles Spielzeug. Die Studie ergab, dass Jungen zu Weihnachten 73% Spielzeug geschenkt bekamen und Mädchen nur 57%. Ihre Geschenke bestanden unter anderem auch aus Kleidung, Schmuck oder Möbeln.[40]
Anderen Studien zufolge spielen Eltern auch unterschiedlich mit Jungen und Mädchen. Bei Jungen steht eher der Wetteifer im Vordergrund, bei Mädchen Kooperation und gutes Verhalten. Christiane Micus betont nicht nur das unterschiedliche Spiel, sondern auch, dass „das väterliche Spiel (...) im Gegensatz zum mütterlichen Spiel innovativer, komplexer, aggressiver und reicher an Überraschungen [ist].".[41]

Eltern begegnen ihren Kindern jedoch nicht nur im Spiel, sondern auch in allen anderen alltäglichen Herausforderungen. Was die Beziehungen in der Familie untereinander angeht, hat die amerikanische Psychologin Carol Gilligan eine Theorie zur geschlechtsspezifischen Sozialisation diesbezüglich entwickelt.

- Die Beziehung von Mutter und Sohn:
  Die Beziehung von Mutter und Sohn ist dadurch gekennzeichnet, dass dem Jungen viel Unabhängigkeit und Selbstständigkeit gewährt wird. Viele Müt-

---

[39]Hurrelmann, 2002, S.127
[40]vgl. Hagemann-White, S.61
[41]Micus, 2002, S.95

ter schätzen die Stärke an ihren Jungen und wollen sie einerseits in die „große, weite Welt" entlassen. Sie sollen auf ein eigenständiges Leben vorbereitet werden. Andererseits möchte die Mutter ihrem Sohn auch Liebe und Zuneigung schenken und in Anbetracht jenes Ablösungsprozesses, sind diese Momente meist auf bestimmte Sequenzen beschränkt.

- Die Beziehung von Vater und Sohn:
  Die Beziehung von Vater und Sohn ist durch viel Energie und Männlichkeit charakterisiert. Der Vater möchte die Männlichkeit seines Sohnes ganz gezielt unterstützen, wobei Schmerz und Leid häufig abgewehrt werden. Eine Studie von Langlois und Downs stellte heraus, dass Väter schneller als Mütter „weibliche Spielabläufe" bzw. das Spiel mit „Mädchenspielzeug" bei ihren Söhnen unterbrechen würden.[42]

- Die Beziehung von Mutter und Tochter:
  Vertrauen, Harmonie und Nähe beschreiben die Beziehung von Mutter und Tochter. Bei der Tochter hat die Mutter eher Loslösungsängste als bei ihrem Sohn. Sie will ihr Mädchen weiterhin beschützen. Reagiert das Mädchen aggressiv und laut, so wird dieses Verhalten von der Mutter abgewehrt. Die Tochter ist gezwungen, eine Alternative zu finden, mit welcher sie weiterhin ihre Gefühle ausdrücken kann. Häufig geschieht dies dann in Form von Jammern, da sie aggressives Verhalten als unangebracht erlebt.

- Die Beziehung von Vater und Tochter:
  Die Beziehung vom Vater zur Tochter ist oft weitaus weniger innig als die von der Mutter zur Tochter. Der Vater gilt für das Mädchen als interessant, da er in der Regel der Elternteil ist, welcher seltener zu Hause ist. Gilligan beschreibt, dass Väter häufig ratlos sind, wie sie die Liebe dem Mädchen entgegenbringen sollen. [43]

Dies sind Feststellungen von Carol Gilligan, die nicht allgemein bestätigt werden können, aber zeigen, wie die typischen Vorstellungen in diesen Beziehungen sind. Mittlerweise übernehmen Vater und Mutter viel mehr Rollen und Funktionen

---

[42]vgl. Langlois/Downs in Hagemann-White, 1984, S.52
[43]vgl. Gilligan in Micus, 2002, S.115 ff.

als von Gilligan typischerweise beschrieben. Gerade im Zeitalter der Patchwork-Familien, sind diese Beziehungsmuster keine Stereotypen mehr.

Hagemann-White ergänzt, dass Mädchen bedingt durch beide Elternteile, nahe der Wohnung bleiben müssen, sobald sie diese verlassen. Jungen dürfen eher aus der Sichtweite verschwinden und sich früher mit Gleichaltrigen treffen. Das liegt vor allem daran, dass Eltern oft noch die Angst prägt, das Mädchen könne Gefahr für einen sexuellen Missbrauch laufen.

Bei diesen Ausführungen ist wichtig zu beachten, dass sie sich hauptsächlich auf die traditionelle Kernfamilie beziehen. In diese traditionellen Form fungiert der Mann als Oberhaupt und Geldverdiener, die Frau als Erzieherin und emotionales Bindeglied für die Familie.[44] Mittlerweile findet jedoch immer mehr ein Wandel der Familienstruktur statt. Es gibt vermehrt Frauen, die ebenfalls erwerbstätig sind und einen Teil der Erziehungs- und Versorgungsaufgaben an den Mann abtreten. So begeht nicht nur die Mutterrolle in der Familie einen Wandel, sondern auch die Vaterrolle. Je nach Familienform und ökonomischen Verhältnissen in der Familie kann auch er immer mehr Einfluss auf die Erziehung und Prägung der Kinder nehmen. Er wird mittlerweile immer mehr vom großen, starken Geldverdiener zur Vertrauensperson und zum Unterstützer für die eigenen Kinder. Die Voraussetzung dafür ist, dass eine enge Verbindung zwischen Mutter und Vater besteht. Durch das stetige Abstimmen und die Kompromissbereitschaft ist es möglich, dass beide Elternteile gleichermaßen in den Erziehungsauftrag eingebunden werden können. Dennoch gibt es einige Familien, die der traditionellen Form standhalten. Es ist aber wichtig zu vernehmen, dass das nicht mehr die Regel ist.[45]

Letztendlich ist die Familie doch eine entscheidende Sozialisationsinstanz. Sowohl Jungen als auch Mädchen werden für erste Institutionen und Interaktionen mit anderen gesellschaftlichen Subjekten vorbereitet. Durch die Entwicklung des Urvertrauens zu den Eltern haben die Kinder die Möglichkeit, sich im geschützten Rahmen der Familie zu entfalten. Dabei steht den Eltern allerdings vielmals ein ambivalenter Erziehungsauftrag gegenüber. Einerseits sollen sie den Kindern

---

[44]vgl.Hurrelmann,2002
[45]vgl. Hurrelmann, 2002, S.127-135

Werte und Normen für den gesellschaftlichen Alltag vermitteln und andererseits
sollen sie Rücksicht auf die Bedürfnisbefriedigung ihrer Sprösslinge nehmen.
Dies führt häufig dazu, dass Kleinkinder beispielsweise in der Öffentlichkeit so ei-
genständig wie möglich präsentiert werden und auf Veranstaltungen aus Tassen
trinken sollen, während sie zu Hause durchaus wieder die Flasche hingehalten
bekommen könnten.[46]
Für Mütter und Väter ist es wichtig, sowohl was diese Ambivalenz angeht, als
auch die Berücksichtigung des Geschlechts ihrer Kinder, ein gesundes Maß zu
finden.

3.2.2 Geschlechtsspezifische Sozialisation in Institutionen am Beispiel Schule

Wie bereits zuvor erwähnt, geschieht Sozialisation unabdingbar in Institutionen.
Jene, wie der Kindergarten oder die Schule sind sogar genau aufgrund dieser
Funktion eingerichtet worden.
Grundsätzlich laufen die Prozesse in allen Institutionen sehr ähnlich ab. Im Detail
soll dies nun am Beispiel der Schule dargestellt werden, da sie wohl nahezu die
einflussreichste Instanz (neben der Familie) im Leben eines Menschen ist und als
„sekundäre Sozialisationsinstanz" [47] bezeichnet wird.
Kindergärten, Schulen, Universitäten, Volkshochschulen und Heime sind Erzie-
hungs- und Bildungseinrichtungen mit einem pädagogischen Auftrag, welcher die
Sozialisation bedingen soll. Diese Institutionen stehen nicht nur für organisierte
Entlastung (z.B. durch die automatische Beschulung von Kindern), sondern erfordern ebenfalls Anpassung und Eingrenzung. Oft sind Hierarchien vorgegeben
(z.B. Schüler-Lehrer) und die Handlungsspielräume sind klar definiert.
Wie findet Sozialisation in der Schule statt? Sowohl Mädchen als auch Jungen
haben ab dem 6. Lebensjahr die Schulpflicht und sind gezwungen die Schule zu
besuchen. Im Klassenverband findet eine Vermischung der Geschlechter statt.
Das Schulsystem beinhaltet organisierte Normen- und Wertesysteme, Rollener-
wartungen und materielle Hilfsmittel, die zunächst für beide Geschlechter gleich-
bedeutend sind.

---

[46]Hagemann-White, 1984
[47]vgl. Hurrelmann,2002

Die pädagogischen Mitarbeiter haben in diesem Gefüge die Aufgabe, die Schüler zu sozialisieren und gesellschaftsfähig zu machen. Dies geschieht auf sehr geplante Weise. Regelmäßigkeiten, Richtlinien in Form von Lehrplänen und hierarchische Verhältnisse bestimmen wer, was, wie, wo wem lehrt. Gesellschaftlich erwünschtes Verhalten, Wissen, Kenntnisse, Fähigkeiten und Wertehaltungen werden vermittelt. Durch gezielte Interaktion mit eben diesen Inhalten passiert eine Persönlichkeitsbeeinflussung. Die Lehrer verfügen über die Qualifikationen und das Wissen (bedingt durch ihre Ausbildung), welches sie an die Kinder herantragen müssen. Das Erwerben von Sach- und Sozialkompetenzen, sowie das Lernen bestimmter Arten und Weisen im Bezug auf Umgangs- und Mitteilungsformen stehen im Vordergrund.

Außerdem werden erste Leistungs- und Wettbewerbsanforderungen an die Kinder gestellt. Denen gilt es gerecht zu werden und im Zuge dessen zu lernen, den eigenen Status zu erwerben und zu verteidigen.[48] Im sozialen System Klasse und im noch größeren sozialen System Schule gilt es für die Schüler zurechtzukommen. Eine wichtige Aufgabe dabei ist die Übernahme verschiedener Rollen. Diese Rollen definieren sich als Bündel von Erwartungen, die in einer bestimmten Situation an einen Schüler gestellt werden. So hat ein Schüler in der Rolle des Klassensprechers beispielsweise andere Erwartungen und Aufgaben zu erfüllen, als ein Schüler, der Tafeldienst hat.

Zuletzt sorgt die Institution Schule dafür, auf die nächste Instanz, das Berufsleben vorzubereiten, indem durch die Lehre eine berufliche Qualifikation stattfinden soll.[49]

Betrachtet man diese grundsätzlichen Vorgänge, so scheint zunächst kein großartiger Spielraum für Geschlechterspezifität vorhanden zu sein. Dennoch haben Ulrike Popp und Carol Hagemann-White einige Unterschiede herausgefunden. So dokumentierten beide, dass Jungen häufiger ermahnt werden als Mädchen, aber auch häufiger gelobt. Jungen fallen im Unterricht regelmäßiger durch schlechtes Sozialverhalten auf und werden daraufhin getadelt. Dabei haben Lehrerinnen eher die Neigung, Jungen anzusprechen als die Lehrer, vor allem wenn es darum geht, jemanden ohne Meldung zu Wort zu bitten.

---

[48]vgl. Hurrelmann, 2002
[49]Tillmann, 2007

In der Fächerwahl und den Leistungen lassen sich ebenfalls Unterschiede erkennen. Dies zwar noch nicht in der Grundschule, aber ab Eintritt in eine weiterfüh-
rende Schule. Mädchen begeistern sich eher für den sprachlich-künstlerischen
Bereich, während Jungen eher den mathematisch-naturwissenschaftlichen Bereich bevorzugen.

Ulrike Popp fand des Weiteren heraus, dass die Interaktion zwischen den Geschlechtern ein enorm wichtiger Prozess zur Persönlichkeitsbildung ist. Außerdem sei auffallend, dass gerade in Kleingruppenarbeiten oder im gesamten Klassenverband Mädchen zu einem positiven Sozialklima beitragen. Idealerweise lassen sich die Jungen davon beeinflussen. Auch zeigte die Forschung, dass die
Beziehung zum Lehrer für die Mädchen eine durchaus größere Bedeutung hat
als für Jungen.[50]

Hagemann-White stellte fünf Erziehungseinflüsse heraus, die während der Sozialisation in der Schule geschlechtsspezifisch wirken.

1. Lehrer sprechen Jungen und Mädchen häufig getrennt und ihrer Geschlechts-
   zugehörigkeit an. Beispielsweise sollen die Jungen den Bauteppich aufräu-
   men, die Mädchen die Leseecke, unabhängig davon, dass die Bereiche von
   beiden Geschlechtern genutzt wurden. Nach Hagemann verstärkt dies die
   Abgrenzung gegen das andere Geschlecht und fördert Subkulturen in Form
   von etwa gleichgeschlechtlichen peer-groups.[51]

2. Da festgestellt wurde, dass Jungen während des Unterrichts öfter die Aufmerksamkeit der Lehrer erlangen als Mädchen, sei es durch Tadel oder
   Lob, gewöhnen sich die Mädchen an diese Tatsache. Ihnen wird deutlich,
   dass Jungen häufiger im Mittelpunkt stehen, „ohne dies als ungerecht zu
   empfinden, da die Beachtung der Jungen oft mit Missbilligung verbunden
   ist."[52]

---

[50]Popp, 2002, S.32
[51]vgl. Kapitel 2.5
[52]Hagemann-White,1984, S. 72

3. Jungen werden mehr oder minder von Lehrern gezwungen, Verhaltensweisen anzunehmen, die gesellschaftlich als „mädchentypisch" bezeichnet
   werden. Sie sollen anständig sowie fleißig sein und einander zuhören. Das
   versetzt die Jungen oft in einen Zwiespalt, da von Gleichaltrigen oder zu
   Hause von den Eltern eher die männlichen Stereotypen, wie Stärke, Männlichkeit und Unversehrtheit befürwortet werden. Mädchen hingegen werden
   einfach in ihrem typischen Verhalten verstärkt und ihnen wird eher abge-
   raten, das gesellschaftlich als „jungentypisch" bezeichnete Verhalten anzunehmen.

4. Lehrer beurteilen sowohl Jungen als auch Mädchen durch ihre Leistungen.
   Dadurch entsteht das Problem, dass die Kinder und Jugendliche ihre eigenen Leistungen zu sehr von anderen abhängig machen, da sie es gewohnt
   sind, stets die Rückmeldung zu bekommen. Hagemann-White empfiehlt, es
   so zu praktizieren, wie es häufig bei den Jungen, aber seltener bei den Mädchen gemacht wird: „Lob für gute Leistungen, aber selten Tadel für schlechte Leistungen, sondern nur für Disziplinstörungen.".[53] Zwar leben wir in einer Leistungsgesellschaft, dennoch ist das Sozialverhalten jenes Verhalten,
   welches immer zuerst beurteilt werden kann, da es gegenwärtig ist.

5. Eine größere Anzahl von Jungen hat grundsätzlich größere Schwierigkeiten
   dem Unterricht zu folgen bzw. sich dafür begeistern zu können. Die Konzentration darauf vernachlässigt die Mädchen und die Tatsache, dass nicht alle
   gleichwertig sind, sondern durchaus auch Mädchen nicht zurechtkommen
   können. Die Orientierung an den unterschiedlichen Fähigkeiten von Jungen
   und Mädchen sollte durch Förderung entsprechender Fächer geschehen.[54]

Die Schule ist ein Ort, an dem viele verschiedene Menschen in verschieden Stel-
lungen aufeinandertreffen. Es ist ein von Interaktionen geprägtes System. Neben
den zuvor genannten Aspekten, was den unterschiedlichen Umgang mit Jungen
und Mädchen angeht, haben auch die Jungen und Mädchen selbst unterschiedliche Handlungsweisen.
So wird zum Beispiel immer wieder betont, dass Jungen anders mit Misserfol-
gen umgehen als Mädchen. Außerdem haben Jungen andere Lernmethoden und
Mädchen strukturieren sich anders. Nicht zu vergessen sollte dabei allerdings

---

[53]ebd., S. 72
[54]vgl. Hagemann-White,1984, S.63-73

auch hier wieder sein, dass das Geschlecht lediglich eine zusätzliche Komponente sein kann, die einen Erklärungsversuch erweitert, aber nicht begründet.

3.3 Schlussfolgerungen mit Bezug zur Sozialisation in der peer-group

Zusammenfassend lässt sich sagen, dass an einem Sozialisationsprozess immer
mehrere Personen und Institutionen beteiligt sind. Die Sozialisation in der Familie wird zusätzlich von der Sozialisation im Kindergarten oder Betrieb beeinflusst.
Denn wie sich herausstellte, ist alles Erlernte in diesem Prozess eine Auswirkung
auf die Persönlichkeitsentfaltung.
Für die Sozialisation in der Familie werden zunächst Institutionen ausgeblendet
und für die Erziehung in der Schule wird die Familie vordergründig ausgeblendet.
Kinder und Jugendliche geraten stets in neue soziale Systeme mit festgelegten
und organisierten Wert- und Normensystemen sowie Regelungen. Diesen gilt es
sich anzupassen. Dazu ist es wichtig, dass sie sobald wie möglich die Kompetenz zur Rollenübernahme erlangen. Sie werden anfänglich mit Rollen der Tochter, des Sohnes, der Schwester, des Bruders, der Freundin und des Freundes
konfrontiert. Dies wird im Laufe der Zeit auf eine unüberschaubare Zahl aufge-
stockt. Daher ist es wichtig, selbst Erwartungen an andere zu stellen, aber auch
Erwartungen von anderen zu erfüllen. Als wichtiger Bestandteil von Interaktion ist
es auch Grundlage für das Auskommen im gesellschaftlichen Alltag.
Durch das ständige Eingeben in neue Systeme und das gerecht werden neu-
er Anforderungen ist die Sozialisation im Grunde ein „Konfliktherd". Oft stoßen
Jugendliche in bestimmten Prozessen an ihre Grenzen oder die Grenzen anderer und es treten Konflikte auf, die sie bewältigen müssen. Diese Konflikte oder
Krisen finden sich sowohl in der Familie als auch in der Schule als auch im Freundeskreis.

Neben der Familie und der Schule ist auch die peer-group, die tertiäre Sozialisationsinstanz nach Hurrelmann, sehr entscheidend. Kommen Jugendliche mit den
Anforderungen in den ersten beiden Instanzen nicht zurecht, flüchten sie häufig
in ihre Jugendgruppen. Dort haben sie die Möglichkeit, sich in einem Rahmen

zu entfalten, den sie selbst definiert haben. Denn dies ist die Instanz, welche die Jugendlichen frei wählen und bestimmen können.[55]
„Die Gleichaltrigengruppen bilden ein Verbindungsgliede zwischen der Familie und den politischen, wirtschaftlichen und kulturellen Bereichen der Gesellschaft." [56] Die peer-group dient des Ausprobierens, häufig auch entgegen gesetzt aller Regeln. Diese Tatsache führt dann oft zu Gewalt oder Kriminalität. Viele Jugendliche erlangen durch ihren Freundeskreis Wertschätzung und Anerkennung, was besonders Wichtig für deren Selbstwertgefühl ist.

Einige Unterschiede hinsichtlich der geschlechterspezifischen Sozialisation konnten sich in dem vorliegenden Kapitel herausstellen lassen. Wichtig ist jedoch, dabei nicht eine verallgemeinernde Stellung zu beziehen und all diese Unterschiede als Tendenzen anzuerkennen.

Diese Tendenzen können dazu verhelfen, spezifische Genderprojekte zu entwickeln. Vor dem Hintergrundwissen, dass es durchaus verschiedene Themen gibt, die das weibliche oder männliche Geschlecht beschäftigen und dass verschiedene Sozialisationsprozesse unterschiedlich von ihnen gewichtet werden besteht die Möglichkeit geschlechtsspezifisch zu arbeiten. Dass spätere Handlungsweisen auf frühere Sozialisationserfahrungen zurückgeführt werden könnten, kann eine zusätzliche Rechtfertigung für die Beschäftigung mit Genderarbeiten geben. Diese Erkenntnisse dienen als Vorlauf dafür, dass auch Mädchenprojekte nicht zu kurz kommen sollen. In den nachfolgenden Kapiteln wird dieses Thema ausführlich bearbeitet.

---

[55]vgl. Kapitel 2.5
[56]Eisenstadt, 1966, S.280 in Hurrelmann, 2002, S.240

4 Einführung in die konfrontative Pädagogik

4.1 Der Trend der konfrontativen Pädagogik

Lange Zeit gab es Diskussionen und Auseinandersetzungen zur konfrontativen Pädagogik, da diese unmittelbar mit einem Paradigmenwechsel in der Sozialen Arbeit zusammenhing. Unter der Loslösung von bestimmten Erziehungsritualen versteht sich die konfrontative Pädagogik als eine Ergänzung zu einem bestimmten Erziehungsstil und als eine anzuwendende Methode. Sie ist kein vollkommener und eigenständiger Erziehungsstil. Kennzeichen sind die entsprechende Haltung und die Methodik, welche sie anwendet. Die konfrontative Pädagogik grenzt sich stark von einem rein permissiven Verständnis, welches die Ursachen für ein bestimmtes Handeln in der Gesellschafft oder anderen vorherrschenden Strukturen sieht, ab. Des Weiteren grenzt sie sich von einem autoritär-patriarchalischem Erziehungsstil, in welchem es um reine Machtausübung sowie -demonstration und im Zuge dessen um Unterdrückung geht, ab.

Für die konfrontative Pädagogik benutzt man heute den Begriff des autoritativen Erziehungsstils, welcher die Methoden der konfrontativen Pädagogik beinhaltet.[57]

Geprägt wurde die konfrontative Pädagogik durch die kognitionspsychologisch orientierte konfrontative Therapie von Dr. Raymond J. Corsini, einer der bekanntesten Psychologen des 20. Jahrhunderts, und der provokativen Therapie von Frank Farelly, in welcher jener Professor für Psychologie auf eine humorvolle Art und Weise (durch Ironie, Sarkasmus und Übertreibungen) seine Klienten zur Einsicht und zur Veränderungen bringen und motivieren konnte. Daraus entwickelte

---

[57]vgl. Weidner/Kilb, 2008

dann der Erziehungswissenschaftler und Anti-Aggressions-Trainer Prof. Dr. Jens Weidner das konfrontative Prinzip, dessen Leitsatz lautet: Die Tat ablehnen, aber den Menschen akzeptieren. Der dahinter stehende Arbeitsstil zeichnet sich durch 80% Wohlwollen, Empathie und Verständnis sowie durch 20% Grenzziehungsbereitschaft und Konfrontation aus. Die Konfrontation soll die Wertschätzung immer beibehalten. Geprägt durch den Sozialwissenschaftler Rainer Gall sowie den Anti-Aggressions-Trainer Prof. Dr. Jens Weidner wird dieser Prozess mittlerweile in nahezu jedem Fachbuch als „Klare Linie mit Herz" beschrieben. [58]
Die prozentuale Aufteilung soll grundsätzlich verdeutlichen, dass es bei der konfrontativen Pädagogik nicht um Macht, Niedermachen oder Vergeltung geht, sondern mit einer entsprechenden Haltung den Jugendlichen die Sozialisationsziele näher gebracht werden, die in Kapitel 4.2 erläutert werden.
Konfrontative Pädagogik ist Grundlage für Anti-Gewalt-Trainings (AGT)/ Anti-Aggressivitäts-Trainings (AAT©) und Coolnesstrainings (CT©). Mit speziellen Rahmenbedingungen und der konfrontativen Haltung werden in den Trainingsgruppen diverse Ziele zu bestimmten Themen erarbeitet und eingeübt.

4.2 Grundlagen

Konfrontation meint die direkte, schnelle und permanente Konfrontation des Täters mit seiner Tat bzw. des Jugendlichen mit seinem Regelverstoß, den daraus resultierenden Konsequenzen, das Einüben von Handlungsalternativen und Entschädigungsritualen.[59] Bevor eine Konfrontation in einer bestehenden Gruppe, in Trainings, durchgeführt werden kann, müssen zuvor von allen Teilnehmern folgende zwei Grundnormen akzeptiert werden:

1. Ich halte Konfrontation aus. Wenn ich einen Regelverstoß begehe, erkläre ich mich damit einverstanden, dass ich diesbezüglich konfrontiert werden darf.

2. Ich trage Konfrontation selbst mit. Das wiederum heißt, sobald jemand anderes einen Regelverstoß begeht, erkläre auch ich mich dazu bereit, ihn zu konfrontieren, ohne jegliche Konsequenzen daraus zu tragen.

---

[58]Weidner/Kilb,2008
[59]vgl. Weidner/Kilb/Kreft, 2009

Doch wie genau soll die Grenzziehung und Konfrontation genau aussehen? Sie ist zentraler Aspekt der konfrontativen Pädagogik. Grenzen werden dann gezogen, wenn jemandem eindeutige Gefahr droht. Sie werden gezogen, wenn Menschen ansonsten geplagt, verletzt o.Ä. werden. Und sie werden gezogen, wenn es das gesellschaftliche Leben erfordert. Idealerweise soll dabei niemand zu Schaden kommen. Deshalb wird der Grundsatz verfolgt, bereits auf Kleinigkeiten zu reagieren, um Größeres verhindern zu können. Dies fällt vielen grundsätzlich schwer, da Kleinigkeiten häufig als typisch oder Ausnahmen abgehandelt werden. An dieser Stelle ist ein Umdenken nötig, um den o.g. Grundsatz verfolgen und praktizieren zu können.

Häufig und vor allem in alten Denkmustern wird Grenzziehung mit Machtausübung und Sanktion gleichgesetzt. Dies ist ein Fehldenken. Vielmehr steht sie für die bewusste Förderung einer Streitkultur. Alltagsstrukturen, Normen und Regeln werden festgelegt und Gesetzeswidrigkeiten werden konfrontiert. Die Jugendlichen sollen die Möglichkeit bekommen, Dinge in Frage zu stellen, sich einzumischen, hinzusehen und widersprechen zu können.

Um auf Kleinigkeiten zu reagieren ohne zu beleidigen, direkt zu bestrafen, Unrecht zu tun oder persönlich zu werden, gehört ein gewisses Fingerspitzengefühl. Zu einem konfrontativen Erziehungsstil gehört gleichermaßen die konfrontative Haltung. Diese Haltung äußert sich bei Regelverstößen und Konflikten durch die sieben Level der Konfrontation, die als gezieltes Interaktionsritual eingesetzt werden. Diese sieben Level wurden erstmals in der Glen-Mills-School[60], einer Einrichtung für delinquente Jugendliche, praktiziert und zeigten großen Erfolg.[61]

1. Level - Freundlich-non-verbal:
   Mit freundlicher Gestik und Mimik wird dem Jugendlichen auf seinen Regelverstoß aufmerksam gemacht, ohne dabei irgendeine Form von Konsequenz anzudeuten.

2. Level - Unfreundlich-non-verbal:
   Hat Level 1 nichts bewirkt, so werden Mimik und Gestik nun strenger und sollen die Ernsthaftigkeit der netten Mimik und Gestik zuvor unterstreichen.

3. Level - Freundlich-verbal:
   Zeigt der Jugendliche wiederholt den Regelverstoß (z.B. ständiges Dazwi-

---

[60]siehe 4.2.1 Exkurs:Glen-Mills-School
[61]vgl. Weidner/Kilb, 2008, S.14-18

schenreden), wird er nun freundlich ermahnt und auf die vorher gemeinsam festgelegte Regel verwiesen.

4. Level - Unfreundlich-Verbal:
   Der vierte Level hat nun schon den Charakter einer ernsten Ermahnung. Im Befehlston wird auf den Regelverstoß und das daraus resultierende auszubessernde Verhalten hingewiesen. (In den meisten Fällen hört hier die Konfrontation auf, jedoch nicht immer.)

5. Level - Support durch die Gruppe:
   Der Regelverstoß wird in der Gruppe thematisiert. Hier geht es dann nicht mehr um den Regelverstoß, sondern darum, dass die zwei Grundnormen nicht akzeptiert wurden. Die meisten zeigen während dieser Phase der Konfrontation entsprechende Einsicht und fühlen sich auch meist unwohl mit der enormen Aufmerksamkeit, die sie nun zugesprochen bekommen. Geschieht dies jedoch nicht, folgt der nächste Level.

6. Level - Touch for attention:
   Ein Mitarbeiter oder Trainer (kein Teilnehmer) hat nun die Aufgabe, den Druck auf den Jugendlichen wachsen zu lassen. Er berührt ihn, erzwingt Augenkontakt und dreht seinen Kopf zu demjenigen, der gerade mit ihm spricht. Zeigt der Regelverstoßer Einsicht, so wird mit dem Trainer allein die vorgefallene Situation besprochen und der Jugendliche wird sich bei der Gruppe entschuldigen müssen. Dies ist aber nicht immer der Fall, deswegen gibt es noch der letzte, siebte Level.

7. Level - Körperlicher Einsatz:
   Verfällt der Jugendliche in das alte Handlungsmuster des körperlichen Angriffs, sind so viele Mitarbeiter oder Trainer wie möglich verpflichtet, sich auf den Jugendlichen zu stürzen und ihn festzuhalten, bis er zur Ruhe kommt. Passiert dies, so endet diese Phase, wie auch die sechste. Passiert dies nicht, so wird die Konfrontation ab Level 5 immer wiederholt, bis eine Akzeptanz des unangebrachten Verhaltens und der Regeln eintritt.[62]

In der Regel endet die Konfrontation bereits nach dem fünften Level. Die Jugendlichen bekommen hier mehr Aufmerksamkeit als sie eigentlich möchten. Der

---

[62]vgl. Weidner/Kilb/Kreft(Hrsg.), 2009, S.69-71

sechste und siebte Level wird oft in sogenannte Trainingsverträge gar nicht erst aufgenommen. Dennoch ist es wichtig zu wissen, welche Alternativen man auch als Fachkraft noch ausschöpfen kann.

Der Anti-Aggressivitäts-Trainer Stefan Schanzenbächer beschreibt den konfrontativen Stil als „direkte, aktive, überredende, suggestive und logische Methodik".[63]. Dieser Stil oder diese Haltung wird häufig eingenommen, wenn man mit problembelasteten Jugendlichen arbeitet. Damit ein Trainer diese Haltung einbehält muss er sich seine Aufgaben vor Augen führen. Es werden Handlungsalternativen angeboten und mittels Übungen eingeübt. Darüber hinaus sollen die Einstellungen und das Verhalten geändert werden.

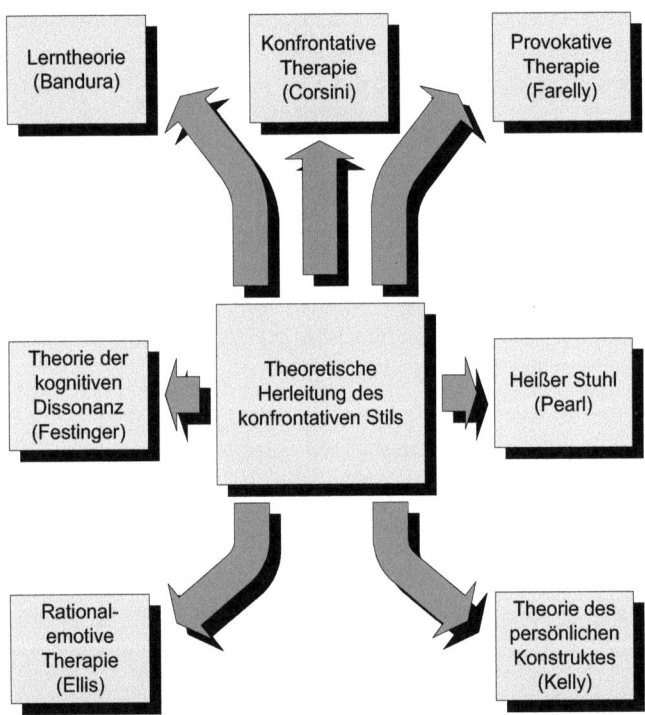

Abbildung 4.1: Herleitung des konfrontativen Stils
Quelle: Schanzenbächer, 2006, S.26

Dieser Handlungsstil muss immer in ein bestimmtes Konzept oder eine Therapie eingebunden sein (z.B. AAT© oder CT©) und beschreibt ein professionelles

---

[63]vgl. Schanzenbächer, 2006, S.15

Handeln, welches sich verschiedenen pädagogischen und psychologischen Ansätzen bedient.

Schanzenbächer betont, dass der konfrontative Stil keine Gehirnwäsche, keine Rechtfertigung für Schreien und Brüllen und kein Niedermachen im herzlosen Ton sei. Aus welchen verschiedenen Ansätzen sich der konfrontative Stil herleitet, soll die in Abbildung 4.1 von Schanzenbächer angefertigte Grafik verdeutlichen.

Die Lerntheorie oder auch Verhaltenstheorie von Bandura fügt die Komponente „Lernen am Modell" hinzu. Durch Beobachtungen und positive oder negative Verstärkungen sollen die Jugendlichen lernen, welche Verhaltensweisen angemessen sind oder nicht.

Die konfrontative Therapie von Corsini geht davon aus, dass Menschen unter bestimmten Bedingungen plötzliche Persönlichkeitsveränderungen durchmachen können. Mit Methoden, wie beispielsweise „Talk behind your back", bei welcher ein Jugendlicher mit dem Rücken zur Gruppe sitzt und die Gruppe sich nun über diesen äußern darf, soll selbst herausgefunden werden, an welchen Stellen man etwas verändern könnte.

Durch die Elemente aus der provokativen Therapie von Farelly lernen Probanden, sich an ihren eigenen Ressourcen zu orientieren. Denn durch Übertreibungen, Spott oder Sarkasmus bzgl. Situationen, Reaktionen oder Fähigkeiten, entdecken sie selbst ihre Stärken.

Aus der Gestalttherapie von Pearls wurde der heiße Stuhl in die konfrontative Pädagogik und Haltung integriert. Er ist ein Provokationstest und ist in seiner Ursprungsform nur im klassischen AAT© vorzufinden. Er ist wie folgt gegliedert:

- Eins-zu-Eins-Interview:
  Der Teilnehmer bekommt von einem Trainer Fragen zur Biographie, zu einer Straftat und zu seinen drei Stärken und Schwächen gestellt. Weitere Ergänzungsfragen ergeben sich oft aus dem Erzählten. Hier wird gezielt darauf geachtet, welches Thema später eine große Bedeutung haben könnte (z.B. Ehre, Familie etc.).

- Strategiebesprechung:
  Die Gruppe berät sich, mit welchen Themen und Provokationen „angegriffen" wird. Ein Redestillstand soll nach Möglichkeit vermieden werden, daher

werden einzelnen Gruppenmitgliedern häufig bestimmte Rollen und eigene Themenschwerpunkt zugewiesen.

- Der heiße Stuhl:
  Der Proband muss sich in die Mitte der Gruppe setzen. Die anderen Teilnehmer sitzen im Kreis um ihn herum und beginnen zu provozieren. Hierbei gibt es einige Regeln. Der Teilnehmer auf dem heißen Stuhl kann, wenn er es nicht länger aushält, die Sitzung abbrechen. Dann muss der heiße Stuhl jedoch wiederholt werden. Wehren darf er sich nur verbal.

- Auswertung:
  Ist die Phase des heißen Stuhls beendet, bekommt der Teilnehmer positives Feedback aus der Gruppe. Auch der Provozierte darf zum Schluss äußern, wie er sich während der Reizung gefühlt hat.

- Einzelgespräch:
  Oft folgt als letzte Phase noch ein Einzelgespräch durch einen Trainer. Der Teilnehmer kann hier loswerden, wozu er in der Runde nicht bereit war. Unter Umständen und je nach Straftat kann hier auch geklärt werden, ob beispielsweise ein Brief an das Opfer verfasst werden soll.[64]

Da der heiße Stuhl in der Form, wie nun beschrieben, nur im klassischen AAT© vorkommt, wurden daraus für andere Trainings allgemeine Provokations- oder Coolnesstests abgeleitet.

Die von dem US-amerikanischen Psychologen George Kelly verbreitete Theorie des persönlichen Konstrukts besagt, dass der Mensch seine Welt konstruiert. Alle Wahrnehmungen, die er hat und verarbeitet, werden Konstrukte genannt. Das persönliche Konstrukt meint die Art und Weise, wie jemand Erfahrungen wahrnimmt, aufnimmt und verarbeitet. Für die konfrontative Haltung bedeutet dies, dem Jugendlichen zu verdeutlichen, wie seine Konstrukte aussehen und ob man diese verändern könnte.

Die Rational-Emotive-Therapie (RET) von Albert Ellis gehört ebenfalls zu den Verhaltenstherapien. Sie beinhaltet den Grundsatz, dass Gefühle und Denkweisen unmittelbar zusammenhängen. Häufig wird aufgrund von Gefühlen „falsch"

---

[64] Auszug aus einer Unterrichtseinheit zum Thema Gewaltprävention, Prof. Dr. Ahmet Toprak, FH Dortmund

gehandelt. Ziel ist es durch Gespräche und Verhaltensanalysen „rationales Denken zu maximieren und sein irrationales Denken zu minimieren." [65]
Die letzte Theorie, welcher sich die konfrontative Pädagogik bedient, ist die Theorie der kognitiven Dissonanz von Leon Festinger. Diese kognitive Dissonanz meint einen inneren Widerspruch. Und zwar jenen, der auftritt, wenn Dinge, die jemand tut entgegengesetzt der Informationen sind, die jemand bereits über diese Dinge besitzt. (Beispiel: Verzehr von Fast Food, trotz des Wissens, dass es ungesund ist.) Diese inneren Spannungen können revidiert werden, wenn sie hoch genug sind. Denn je größer der innere Widerspruch, desto eher wird sich jemand dazu motivieren können, frühere Entscheidungen zu widerrufen.
Die Grenzziehung als zentraler Aspekt sollte grundsätzlich beherrscht werden, das heißt, keine Scheu davor zu haben und es als angebracht anzusehen, schnell, direkt und konsequent zu handeln, wenn unangebrachtes Verhalten auftritt. Dazu muss natürlich die Verbindlichkeit getroffener Regeln, Entscheidungen oder Grundnormen gegeben sein, welche vorher gemeinsam ausgehandelt wurden. Der Charakter einer Streitkultur soll dabei nicht verloren gehen, denn auch Jugendliche müssen sich und ihre Meinungen durchsetzen und werden immer wieder Konflikten begegnen, die in einem Miteinander als wichtiges Interaktionsmittel fungieren.
Abgerundet werden diese Annahmen durch die pädagogische Grundhaltung die man einnehmen sollte. Der Klient wird akzeptiert, wie er ist und ihm werden die Grenzen gesetzt, die er braucht, um seinen Erfahrungshorizont und sein Handlungsrepertoire zu erweitern.

Aus all diesen Ansätzen heraus ergibt sich für die konfrontative Haltung das Bewusstsein, dass jeder Mensch etwas an sich selbst oder anderen verändern kann, wenn er es möchte. Er kann sich frei entscheiden, wie er handelt und ob er sein Handeln ändern möchte. Dies kann sowohl aus eigener Kraft geschehen, als auch durch fremde und/oder professionelle Hilfe.

---

[65]vgl. Schanzenbächer, 2006, S.23

4.2.1 Exkurs: Glen-Mills-School

Die Glen-Mills-School ist 1826 in Form eines Internats für delinquente Jugendliche entstanden. Sie befindet sich in den Vereinigten Staaten von Amerika, Pennsylvania, und nimmt junge Männer im Alter von 15 bis 18 Jahren aus allen Ländern auf. Diese Schulform besitzt den Charakter einer Resozialisierung und versteht sich als „Grenze zwischen Strafvollzug einerseits, und sozialem Schonraum und Jugendhilfe andererseits".[66] Aufgenommen wird man dort auf Gerichtsbeschluss.

Die Glen-Mills-School arbeitet mit der Methode der peer-group-education, das heißt Erziehung durch Gleichaltrige. In der Einrichtung herrscht ein hierarchisches Verhältnis, aber die Jugendlichen haben die Chance aufzusteigen. Bei Regeleinhaltung und positivem Verhalten werden die Schüler belohnt, bei Verstößen werden sie konfrontiert.

„Durch die Konfrontationsrituale soll eine dauerhafte Veränderung der in den Gangs gelernten manipulativen-aggressiven Handlungstendenzen beim Jugendlichen herbeigeführt werden."[67] Die Konfrontation läuft in den sieben zuvor genannten Levels ab und wird durch andere Schüler praktiziert. Durch Belohnungen und erfolgreiches Aushalten der Konfrontationen haben die jungen Männer die Möglichkeit, in der Hierarchie aufzusteigen und somit mehr Verantwortung und Aufgaben zu übernehmen.

Die Lehrer oder Mitarbeiter haben selten eine fachliche Ausbildung. Häufig haben sie selbst eine Kriminalkarriere hinter sich und fungieren als Vorbild.

Es gibt zwei Prinzipien, auf denen die Schulphilosophie von Glen-Mills basiert:

1. „Our students have great personal endowment and have unlimited potential to learn and grow.

2. Our students are not ‚bad boys'. They may have done bad things, but are not intrinsically bad. This simple yet profound statement, although not diminishing accountability, puts behavior in its environmental context."[68]

---

[66]vgl.http://kipper-erwi.blogspot.com/2008/02/konfrontative-pdagogik-teil-2-die-glen.html
[67]vgl. Coller/Scholz/Weidner, 2008,S.75
[68]vgl. http://www.glenmillsschool.org/

Die beiden Grundannahmen verdeutlichen, dass die Schüler als lernfähige Menschen angesehen werden. Sie haben die Fähigkeiten, ihr Verhalten zu ändern, aus Situationen zu lernen und zu wachsen. Sie sind nicht von Grund aus schlechte Menschen. Sie haben durchaus Dinge getan, die nicht in Ordnung waren, doch haben sie nun die Möglichkeit, sich damit auseinander zu setzen und ihre Einstellung zum Geschehenen zu ändern und auf andere Situationen positiv zu übertragen.

Des Weiteren haben die Jugendlichen ebenfalls zwei Grundnormen, die sie akzeptieren und leben müssen während ihres Aufenthaltes.

1. „To change behavior from anti-social to pro-social.

2. To develop life skills that will help sustain this change."[69]

Den jungen Männern wird auferlegt, ihr prosoziales Verhalten zu fördern und ihre neu erworbenen Fähigkeiten zu bewahren. Für die Zeit ihres Aufenthaltes in der Einrichtung sind damit entsprechende Sanktionen verbunden.
Durch den Erfolg dieses Konzeptes wurden bestimmte Aspekte der Konfrontation und peer-group-education auch in Deutschland in die Soziale Arbeit integriert.

Kritik am Konzept und Umsetzung für Deutschland

Die enorme Aggressivität und Hemmungslosigkeit vieler Gewalttäter macht deutlich, wie notwendig Behandlungen, Therapien oder sonstige Maßnahmen mit erzwungenem Einstieg sind. Dabei steht vor allem der Gedanke im Vordergrund, weiteren Opfern vorzubeugen und eine möglichst frühe und intensive Grundsatzveränderung bei dem Jugendlichen zu erreichen.
Glen-Mills wird oft als Gefängnis bezeichnet. Es ist charakterisiert durch Macht, Hierarchie, Sanktion und Belohnung. Gerade für viele Fachkräfte der Sozialen Arbeit in Deutschland ist dieses Konzept umstritten, da viele Einrichtungen einen anderen Erziehungsauftrag verfolgen, als jener, der in Glen-Mills praktiziert wird. Es ist aus verschiedenen Gründen nicht möglich (und auch nicht gewollt), das Konzept der Glen-Mills-School 1:1 für die Arbeit mit Straftätern in Deutschland zu

---

[69]vgl. http://www.glenmillsschool.org/

übernehmen. Es bleibt lediglich bei bestimmten Methoden, wie z.b. die Level der Konfrontation, die in deutschen Maßnahmen aufgegriffen werden. Aus welchen Gründen eine Übertragbarkeit nicht stattfinden kann, wird nun im Folgenden dargestellt.

1. Rechtlicher Rahmen:

   Laut JGG ist es nötig, eine Jugendstrafe in einer Jugendstrafanstalt abzuleisten. Da Glen Mills sich allerdings auf der Grenze „zwischen der Fürsorgeerziehung(§12 JGG/ §64 JWG) und dem Jugendvollzug [positioniert], die in Deutschland - im Gegensatz zu den USA- unter zwei gänzlich unterschiedliche Trägerschaften fallen" [70], gibt es in der Bunderepublik keinen rechtlich abgesteckten Rahmen für eine solche Maßnahme. Entweder müsste, laut Ottmüller, das Jugendamt mit der Justizverwaltung klären und gemeinsam den Träger bilden oder die Maßnahme müsste sich einer freien Trägerschaft bedienen, wobei die Finanzierung dann durch Pflegesatzvereinbarungen durch das Landesjugendamt passiert. Des Weiteren ist Kritikpunkt, dass gegen die ersten Artikel des Grundgesetztes verstoßen würde mit einer solchen Maßnahme. Insbesondere Art.1, Abs. 1+2: „(1)Die Würde des Menschen ist unantastbar. Sie zu achten und zu schützen ist Verpflichtung aller staatlichen Gewalt. (2) Das Deutsche Volk bekennt sich darum zu unverletzlichen und unveräußerlichen Menschenrechten als Grundlage jeder menschlichen Gemeinschaft, des Friedens und der Gerechtigkeit in der Welt.", sowie Art.2, Abs. 1+2: „(1) Jeder hat das Recht auf die freie Entfaltung seiner Persönlichkeit, soweit er nicht die Rechte anderer verletzt und nicht gegen die verfassungsmäßige Ordnung oder das Sittengesetz verstößt. (2) Jeder hat das Recht auf Leben und körperliche Unversehrtheit. Die Freiheit der Person ist unverletzlich. In diese Rechte darf nur auf Grund eines Gesetzes eingegriffen werden."[71] sind damit gemeint.

2. Mitarbeiter:

   In Glen Mills wird „das Berufsbild des professionellen Sozialarbeiters (...) durchgängig abgelehnt."[72] Die Auswahl der Mitarbeiter erfolgt vor allem durch

---

[70]vgl. Ottmüller, 1988, S. 148
[71]vgl. Stascheit, 2007, GG
[72]vgl. Ottmüller, 1988, S. 92

Qualifikationen in der Sportlichkeit, Teamfähigkeit und Einsatzbereitschaft. Dem Gemüt und der Mentalität sowie der Konzeption der Sozialen Arbeit in Deutschland widerspricht diese Eingangsvoraussetzung. Denn hier kommt es hauptsächlich auf die fachliche Qualifikation an. In den USA werden in dieser Maßnahme den Mitarbeitern in Form eines Arbeitsvertrages bestimmte Rollen mit bestimmten Rollengefügen zugewiesen. Auch dies ist in Deutschland keine Grundlage, auf der gearbeitet werden kann und verstößt gegen die moralischen Grundsätze der Wahrung der eigenen Persönlichkeit.

3. Klientel:
Das Durchschnittsalter liegt in deutschen Jugendstrafanstalten bei ca. 20 Jahren und liegt damit deutlich über dem Durchschnitt des Altersdurchschnitts beim amerikanischen Klientel. In der Glen-Mills-School werden Jugendliche im Alter von 15 bis 18 aufgenommen. Dort stehen dann häufig andere Themen im Vordergrund und in Deutschland vor allem andere Maßnahmen.

4. Finanzierung:
Aufgrund moralischer Grundsätze und unzureichender rechtlicher Rahmenbedingungen für ein solches Konzept wird es in Deutschland nicht möglich sein, eine Finanzierung zu gewährleisten.

4.3 Die Eckpfeiler und ihre Ziele

Als Rahmenbedingungen fungieren die sogenannten 12 selbsterklärenden Eckpfeiler der konfrontativen Pädagogik.

Konfrontative Pädagogik gilt als:

1. Erziehungs-ultima ratio, als „letztes Mittel", nachdem akzeptierende Interventionen nicht fassen konnten.

2. interventionistisch, d.h. der Klient wird ernst genommen und es wird versucht, ihn zur Veränderung zu bringen.

3. Ansatz für Mehrfachauffällige, für welche Freundlichkeit häufig ein Zeichen von Schwäche ist.

4. Direkt, normativ, konfrontativ und gradlinig in Form von grenzziehend.

5. Delikt-und defizitspezifisch, um eine Arbeitsbasis zu schaffen.

6. Ansatz mit einem optimistischen Menschenbild, d.h. dem Klienten wird Vertrauen und Zuversicht geschenkt, was ihre Verhaltensänderungen und - absichten betrifft.

7. Als Ansatz, der sowohl akzeptiert, dass die Klienten aus Eigenmotivation als auch aus Fremdmotivation erscheinen.

8. Polizei- und justizkooperativ.

9. Gesellschaftskritisch, d.h. in der Arbeit wird durchaus auch auf gesellschaftliche Diskrepanzen eingegangen und wie man am besten damit umgehen kann.

10. Ansatz, der nur mit der Interventionserlaubnis der Betroffenen konfrontativ arbeiten kann.

11. Ansatz, der sich durch favorisierende Beziehungsarbeit und den pädagogischen Bezug auszeichnet.

12. Erziehungsorientiert: Das prosoziale Verhalten soll gefördert, ein moralisches Bewusstsein hergestellt und die Handlungskompetenzen eingeübt werden.[73]

Anlehnend an diese Eckpfeiler und vor allem den letzten, welcher die Erziehungsorientierung betont, gibt es drei grundlegende Ziele der konfrontativen Pädagogik, die nun erläutert werden.

1. Die Handlungskompetenzen Rollendistanz, Empathie und Frustrationstoleranz sollen gefördert werden. Die Jugendlichen sollen Chancen und das Gefühl für eine Perspektivübernahme erlangen. So können sie nicht nur erahnen, wie sich andere Menschen in bestimmten Situationen fühlen, sondern sich auch Distanz zu ihrer eigenen Rolle verschaffen und das eigene Handeln reflektieren, um sich beispielsweise privat von Situationen auf der Arbeit abgrenzen zu können. Mit Hilfe bestimmter Übungen sollen Alternativen und Optionen erarbeitet werden, die die Jugendlichen mit der Zeit generalisieren und in ihr eigenes Repertoire aufnehmen können.

---

[73]vgl. Weidner/Kilb/Kreft, 2009, S.5/6

2. Das prosoziale Verhalten soll unterstützt und gefördert werden. Die Jugendlichen sollen sich immer mehr damit anfreunden, auch anderen Menschen einen Vorteil durch ihr eigenes Verhalten zu verschaffen. Dafür ist die o.g. Perspektivübernahme notwendig, denn erst wenn der Jugendliche weiß, wie sich ein anderer fühlt, kann er ihm womöglich dazu verhelfen, ihn in eine für ihn akzeptablere und bessere Situation zu bringen.

3. Ein moralisches Bewusstsein soll entwickelt werden. Weg vom Schwarz-Weiß- und Gut-Böse-Denken hin zu einem differenzierten und objektiven Beurteilen bestimmter Situationen soll dem Jugendlichen ein moralisches Bewusstsein näher gebracht werden, welches an den Menschenrechten orientiert ist. Dies soll nicht dich dauerhafte Belehrungen passieren, sondern durch Lernerfolge und Selbsterkenntnisse individuell für jeden Einzelnen einsichtig werden. Wodurch das hervorgerufen werden kann, wird im nächsten Kapitel durch die Inhalte und Methoden deutlich gemacht.

4.4 Zusätzliche Elemente und Methoden

Der Umgang und das Arbeiten mit gewaltbereiten Jugendlichen sind nicht zu unterschätzen. Oft haben sie schon eine ganze Karriere hinter sich, was Präventions- oder Interventionsmaßnahmen angeht.
Rainer Kilb legt sechs Methoden nahe, die Konfrontation in die pädagogische Haltung einzubinden.
Die Verhaltensspiegelung in Einzelfall- oder Gruppenarbeiten ist sehr wichtig. In Form von beispielsweise Rollenspielen bekommen die Jugendlichen ihr eigenes Verhalten präsentiert und haben die Möglichkeit, dieses objektiv wahrzunehmen und einzuschätzen.
Die Konfrontation an sich bezeichnet Kilb als „verhaltensbezogene Reaktionskette".[74] Aus der Beziehung heraus soll die Konfrontation bei einem Regelverstoß geschehen und nach einiger Zeit entwickelt sich dies durch die Routine zu einem Automatismus. Diese Methode ist verhaltensbezogen und nicht persönlichkeitsabhängig.

---

[74]vgl. Weidner/Kilb (Hrsg.), 2008, S. 187

Ferner ist die personale Konfrontation wichtig. In Übungen oder gezielten Rollen-
tauschen soll der Täter dazu gebracht werden, das Opferleid nachzuempfinden.
Aus dieser Unannehmlichkeit heraus kommen Täter häufig einen Schritt näher
zur Einsicht.

Aber auch intrapersonale Konfrontation spielt eine Rolle. Die Konfrontation mit
sich selbst soll den Blickwinkel der Jugendlichen erweitern und die Situation relativieren.

Des Weiteren und in diesem Zusammenhang soll auch eine interpersonale Konfrontation stattfinden. Sie wird als Gegenüberstellung der Interessen, Motivatio-
nen und Verständnisse anderer verstanden. Sinnvoll ist diese Anwendung in bzw.
nach Konfliktsituationen, wenn es darum geht, den Streit zu schildern und zu
schlichten.

Die letzte Methode, die Kilb erwähnt, ist die provokative Konfrontation. Sie soll
den Tätern als Training dazu dienen, ihre Aggressionen und Wut zu verringern
und einschätzen zu können.[75]

Auch Prof. Dr. Philipp Walkenhorst, Professor für Erziehungshilfe und Soziale Arbeit an der Universität Köln, stellt einige Methoden der konfrontativen Pädagogik
dar.

Zuerst benennt er die Konfrontationsrituale mit ihren sieben Stufen, wie bereits
in Kapitel 4.2 erwähnt. Ebenso betont er erneut die Methoden von Farelly und
Moreno sowie den heißen Stuhl.

Zusätzlich legt er Wert darauf, das „Life-Space-Interview" zu erwähnen. Es ist
eine psychoanalytische Gesprächsführung mit den delinquenten Jugendlichen.
Ein Konflikt oder Vorfall wird direkt aufgegriffen und durchgearbeitet. Durchar-
beiten bedeutet, die aktuellen Handlungsverläufe zu benennen und psychody-
namische Mechanismen herauszustellen. In diesem tiefgründigen Gespräch soll
deutlich werden, welche unbewusste Absicht hinter dem kritischen Verhalten stecken könnte. Deshalb ist es wichtig, dass die Pädagogen bei Anwendung dieser
Methode eine entsprechende Ausbildung besitzen, um keine Retraumatisierung
hervorzurufen.

Ferner sind gezielte Methoden das bewusste Reagieren auf Kleinigkeiten und
die Arbeit mit Gruppen. Die bewusste Reaktion auf Kleinigkeiten wurde in diesem Kapitel bereits erwähnt und die Gruppenarbeit steht unter dem Motto der

---

[75]vgl. Kilb in Weidner/Kilb, 2008

peer-group-education, also des Lernprozesses durch Gleichaltrige. Durch den unbewussten prosozialen Gruppendruck sollen die Jugendlichen im Gruppengeschehen voneinander lernen. Das passiert meistens in direkten Gesprächen, Diskussionen oder Konflikten miteinander. Der Mut zum positiven Verhalten soll durch vergleichbare Gleichaltrige, die angemessen handeln, hervorgerufen werden.

Dient die konfrontative Pädagogik als Grundlage verschiedener Präventionsangebote, so nennt man diese „setting-orientierte Gesamtkonzepte", da die Gesamtkonzeption der konfrontativen Pädagogik zum Beispiel an der Schule ganz grundlegend ausgeführt wird.[76] Welche Projekte das sein können und wie diese aussehen, wird in Kapitel 5.3 dargestellt.

---

[76]vgl. Walkenhorst in Weidner/Kilb,2008

5 Gewaltprävention

5.1 Begriffsbestimmung und Formen der Gewaltprävention

Geht es um das Thema Gewalt, so ist der Begriff der Prävention nicht weit entfernt. Auch hier gibt es keine allgemeingültige Definition. Die altbekannte Phrase „Prävention statt Intervention" erfordert dennoch eine Begriffsbestimmung. Eine Orientierung sollen Ausführungen von Dr. Günther Schatz, Professor an der Katholischen Stiftungshochschule in München, bieten. Er sagt allgemein, dass Gewaltprävention im Grunde ein Synonym für alle Maßnahmen sei, die Gewaltentstehung vorbeugen oder reduzieren. Ob es sich dabei um institutionelle oder personelle Maßnahmen handelt, spiele dabei keine Rolle. Prävention soll im Gegensatz zur Intervention geschehen, bevor das Kind sprichwörtlich in den Brunnen gefallen ist. Sie betrifft die Person selbst, ihre gesamte Umwelt und den Rahmen der sozialen Systeme, die mit eingebunden sind.
Prävention unterscheidet drei Bereiche, welche speziell in der Gewaltprävention wie folgt aussehen.

Primäre Prävention

Die primäre Prävention dient zur Information und Verhinderung von Gewalt im Vorfeld. Sie wird an alle gerichtet, auch diejenigen, die noch nie mit Gewalt in Kontakt standen. Die Informationen umfassen Kennzeichen und Auslöser von Gewalt und sollen für Konfliktsituationen sensibilisieren sowie ein Kompetenzerlangen ermöglichen.

Sekundäre Prävention

Sekundäre Prävention ist die Vorbeugung für gefährdete Personen oder Personengruppen. Es findet für Betroffene, die der Gewaltanwendung nicht abgeneigt zu sein scheinen, eine Kompetenzförderung statt. Konkrete alternative Handlungsmöglichkeiten sind hier bereits Bestandteil.

Tertiäre Prävention

Bedeutungsgleich zur tertiären Prävention sind die Begrifflichkeiten der Rehabilitation und Resozialisierung. Diese richtet sich an Mehrfachauffällige, die durch gezielte Programme einen Rückfall in die Gewaltaffinität verhindern und das gewaltfreie Leben in der Gesellschaft ermöglichen soll.[77]

Damit auch nur eine Form der bisher genannten Präventionen stattfinden kann, müssen zuvor einige Punkte beachtet werden und die Betroffenen zur Erkenntnis geführt haben. Ohne Verständnis und Bewusstsein darüber, dass es ein vorherrschendes Gewaltproblem an Schulen, am Arbeitsplatz etc. gibt oder geben könnte, kann keine Arbeit erfolgen. Zunächst sollten Fragen wie „Gibt es ein Problem mit Gewalt?", „Haben sich bereits bestimmte Situationen ereignet?", „Welche Personen waren beteiligt?" beantwortet werden, um gezielt ansetzen zu können. Stellt sich dabei heraus, dass es durchaus problembeladene Situationen gibt, so ist festzuhalten, was genau unter dem fehlerhaften Verhalten zu verstehen ist. Es müssen also Regelverbindlichkeiten geklärt werden. Im Zuge dessen muss festgelegt werden, was unter Gewalt zu verstehen ist bzw. welche Definitionen oder Ansatzpunkte den Schülern, Mitarbeitern etc. näher gebracht werden sollen.

Es müssen alle Personen des sozialen Systems, um welches es geht, mit einbezogen werden. Wer ist wie beteiligt? Was ist untereinander bereits geschehen? Welche Probleme kristallisieren sich heraus?

Daraufhin kann gezielt nachgeforscht werden, welche Präventionsarbeit in welchem Umfang angebracht ist. Entweder werden dadurch Fortbildungen interner

---

[77]vgl. Günther Schatz: http://www.sgbviii.de/S84.html

Mitarbeiter nötig. Oder aber es finden Kooperationen mit Einrichtungen, Verbän-
den etc. statt und externe Mitarbeiter mit entsprechender Ausbildung führen das
gewünschte Präventionsprogramm durch. Dabei ist es wichtig, nicht nur hier die
Kooperation zu wahren, sondern auch weitere Kooperationspartner wie beispielsweise die Polizei, die Jugendhilfe oder den Kinderschutzbund einzuschalten.
Zur Finanzierung solcher Projekte sollten sich ebenfalls im Voraus Gedanken gemacht werden. Es gibt viele Sponsoren oder zusätzliche Finanzierungsmöglich-
keiten durch Feste, Wettbewerbe usw., die den finanziellen Rahmen abdecken.
Des Weiteren sollte klar sein, dass das Präventionsangebot gefördert und nach-
haltig weitergetragen werden sollte, wenn die Absicht einer ernst- und dauer-
haften Veränderung besteht. Dabei sollte auch auf die Öffentlichkeitsarbeit nicht
verzichtet werden. Die Einsichtigkeit in Prävention und Vernetzung mit anderen
Einrichtungen stabilisiert häufig eine solch prophylaktische Arbeit.[78]
Wie Präventionsarbeit in den verschiedensten Einrichtungen genau aussehen
kann und welche Methoden es gibt, wird später in Kapitel 5.3 aufgelistet.

5.2 Allgemeine Zielsetzung

Grundsätzliches Ziel der Gewaltprävention sollte immer der Schutz der Allgemeinheit sein. Entweder vor Straftätern, die es bereits gibt oder vor den potenti-
ellen Straftätern.
„Angestrebte praktische Ziele der Gewaltprävention sind in der Regel die Stärkung des Selbstkonzeptes, die Reflexion des eigenen Selbst und Stärkung der
Persönlichkeit, die Ausbildung sozialer Wahrnehmung, die Schaffung von Konfliktfähigkeit, kontrolliertes Handeln und insgesamt die Vermittlung sozialer Kompetenzen."[79]
In der Präventionsarbeit wird sehr personenbezogen gearbeitet. Die Orientierung
am Alltag und den Problemlagen der Kinder/Jugendlichen/Erwachsenen soll in
gruppenbezogenen Prozessen ermöglicht werden. Dadurch sollen unter anderem eine oder mehrere Möglichkeiten zur Selbstentfaltung gegeben werden.
Betrachtet man die reine Prävention als Maßnahme, so weisen Schröder und
Merkle auf vier Auswirkungen hin, die beachtet werden sollten.

[78]vgl. Gugel, 2008, S. 13f.
[79]vgl. ebd. S.1

Zum einen muss die Prävention selbst eine Vorstellung darüber haben, was adäquat und legitim ist und in welches Normgefüge sie sich einbindet. Denn es darf nicht vergessen werden, dass sie sich am Gegenteil, nämlich am illegalen, unangemessenen und fehlerhaften Verhalten orientiert. An dem Verhalten, welches nicht übereinstimmt mit dem zuvor definierten Wertesystem. Die Orientierung an den Ressourcen bedarf der Berücksichtigung, was im zwischenmenschlichen Handeln nicht geschehen soll. Es sollte also zuvor ein für die Maßnahme moralisches Bewusstsein definiert werden.

Zweitens besteht eine Gefahr der Überwachung. Gewaltprävention soll das Sicherheitsbedürfnis der Allgemeinheit bewahren. Dazu werden oft schon die kleinsten Situationen, Reaktionen und Verhaltensweisen aufgespürt und kritisiert sowie verbessert. Es entsteht ein Teufelskreis. Denn die Gesellschaft wird immer feinfühliger für Situationen, in denen Gewalt eine Rolle spielen könnte. Die zunehmende Sensibilisierung und das stärkere Verlangen nach Sicherheit führen nicht nur zu positiven Verändern, wie z.B. das Anzeigen einer Straftat, sondern erfordern dann immer wieder neue Präventionsangebote mit neuen und akribisch definierten Schwerpunkten.

Drittens würde durch die Präventionsarbeit die Intention der allgemeinen Jugendarbeit, welche sich durch Förderung von Autonomie und Persönlichkeit auszeichnet, abgewandelt. In vorbeugenden Projekten und Angeboten wird unangemessenes Verhalten verhindert, d.h. will sich ein Jugendlicher entfalten, so kann er es nur unter der Bedingung, dass das Verhalten in die Grundsätze passt. Außerdem bemängeln Schröder und Merkle, dass gesellschaftliche und politische Prozesse nicht mehr als Auslöser gesehen werden können. Das gesamte Verhalten und Fehlverhalten wird an der eigenen Person festgemacht.

Der vierte Punkt, welcher kritisch betrachtet werden sollte, ist die Präventionsarbeit im Rahmen des Schulsystems. Das Schulsystem dient häufig auch als Ausgrenzungssystem, wenn es um die Leistungsorientierung geht. Durch die Aufgliederung der Schulformen allgemein und durch beispielsweise Förderklassen oder spezielle Sitzordnungen werden in der Schule leistungsstarke von leistungsschwachen Schülern getrennt. Durch die Gewaltprävention in den Schulen ist die

Gefahr gegeben, dass Schüler schon bereits vor der „Leistungstrennung" ausgegrenzt werden. Das kann unter anderem durch sogenannte Trainingsräume
geschehen, in denen regelwidriges Verhalten reflektiert werden soll.[80]

Trotz dieser Kritikpunkte wollen Schröder und Merkle nicht von einer Prävention
im Gewaltbereich abraten. Sie wollen vielmehr darauf hinweisen, dass Prävention
für jedes Angebot mit seinem zugehörigen Spielraum klar definiert werden muss.
Es muss klar sein, was wodurch und womit erreicht werden soll und wie die Arbeit
auch ohne ein spezielles Präventionsangebot weitergeführt werden kann.
Präventionsarbeit ist ein großer Komplex, der in einen Kontext eingearbeitet wird
und sowohl einer Vor- als auch einer Nachbereitung bedarf.
Günther Gugel bestätigt dies mit seiner Aussage: „Gewaltprävention benötigt ein
koordiniertes und vernetztes Vorgehen. Isolierte, einzelne Maßnahmen in einer
Klasse ohne Gesamtkonzept und abgestimmtes Vorgehen in der gesamten Schule haben wenig Aussicht auf Erfolg."[81]

5.3 Methoden der Gewaltprävention

Da der Trend zur Gewaltprävention momentan enorm ist, gibt es eine Reihe von
pädagogischen Konzepten. Diese beschränken sich hauptsächlich auf die Bereiche Schule und Jugendhilfe. Um einen kleinen Einblick in die Vielzahl der Konzep-
tionen und Schwerpunkte zu bekommen, werden im Folgenden ausgewählte und
bekannte Projekte mit ihren Methoden, Inhalten und Zielen kurz dargestellt.

5.3.1 Konzepte für den Bereich Schule

- Trainingsraum:
  Der Trainingsraum ist ein Programm für Schüler im Klassenverband. Die
  Schüler sollen sich vordergründig mit ihrem fehlerhaften Verhalten auseinandersetzen. Gibt es einen Schüler in der Klasse, welcher den Unterricht
  stört, so wird dieser herausgenommen und mit einem Laufzettel von dem

---

[80]vgl. Schröder/Merkle, S.17-21
[81]vgl. Gugel, 2008, S.9

Lehrer in den räumlich getrennten, sogenannten Trainingsraum geschickt. Auf diesem Laufzettel muss sich der Schüler mit dem Fehlverhalten auseinandersetzen und einen Rückkehrplan ausfüllen, der nicht nur die Reflexion des Verhaltens beinhaltet, sondern nach Möglichkeit auch ein Entschädigungsritual. Im Trainingsraum selbst ist zusätzlich ein Sozialarbeiter anwesend, welcher den Schüler nach adäquatem Ausfüllen des Rückkehrplans zurück in den Unterricht schicken darf.

Ziel dieser Methode ist es, die Qualität des Unterrichts zu bewahren und das Sozialverhalten der Schüler zu verbessern.

Der Nachteil dieser Methode ist das Ausgrenzungsprinzip. Der störende Schüler wird in einen anderen Raum verwiesen und so lange vom Klassenverband ausgeschlossen, bis er die Erwartungen des Lehrers erfüllt. Vorteil aber ist, dass nicht nur die Verbesserung des Sozialverhaltens eines auffallenden Schülers zentral ist, sondern auch die Rücksicht auf die anderen Schüler. Trotz einer Unterbrechung soll der Unterricht qualitativ nicht abschwächen.

- Buddy-Projekt:
Das Buddy-Projekt („Kumpel-Projekt") richtet sich an Schüler der fünften bis zehnten Klasse. Es beinhaltet das Coaching und die Ausbildung zum sogenannten „Buddy", das sind ältere Schüler, die eine Begleit- oder Mentor-Funktion im Zuge der peer-group-education übernehmen. Durch dieses spezielle Training erlangen sie Kompetenzen in den Bereichen des Helfens, Begleitens, Reflektierens, der Empathie und Kommunikationsfähigkeit.
Das „Buddy-Projekt wirkt präventiv, weil es die vorhandenen Ressourcen stärkt und den Schülern fehlende soziale Handlungskompetenzen vermittelt.".[82] Hierdurch besteht die Möglichkeit, dass Gleichaltrige eine Vorbildfunktion einnehmen können und es Jugendlichen erleichtert wird, voneinander zu lernen.

- Faustlos:
Faustlos ist ein Trainingsprogramm für den Kindergarten und die Grundschule und „versucht, Kindern friedliche Lösungsmöglichkeiten in Konfliktsituationen zu veranschaulichen.".[83] In wöchentlichen Trainingsstunden wer-

---

[82]vgl. BGAG Report, 2009, S.30
[83]vgl. Schröder/Merkle, 2009, S.115

den die Kinder in Form von Rollenspielen, Hausaufgaben und des sozialen Lernens im prosozialen Verhalten geschult. Das Faustlos-Programm bedarf eines qualifizierten und ausgebildeten Pädagogen und beinhaltet den Faustlos-Koffer. In diesem Koffer befinden sich neben dem Handbuch alle möglichen Materialien zur Stundenaufbereitung. Durch die Bearbeitung der Bausteine Empathie, Impulskontrolle und Wut soll aggressives und impulsives Verhalten reduziert sowie die Feinfühligkeit in bestimmten Situationen geschult werden.

Kritikpunkt für dieses Programm ist der Mangel an Körperbewegung und Spielorientierung in Anbetracht der recht jungen Zielgruppe und die hohen Kosten für den Faustlos-Koffer, ohne welchen das Programm nicht stattfinden darf. [84]

- Olweus:
  Olweus ist ein präventives Schulprogramm. Es hat drei Ziele: „Gewaltprobleme in der Schule sollen reduziert bzw. beseitigt (...), neue Gewaltvorkommnisse sollen verhindert (...) und die Beziehung zwischen den Schülern innerhalb der Schule soll verbessert werden.".[85]
  Auf Schul- und Klassenebene gibt es Regeln, Gespräche und Arbeitsgruppen zum Thema Gewalt. Auf Schulebene können sowohl von Lehrern als auch von Schülern Verbesserungsvorschläge gemacht werden. Des Weiteren werden Dienste wie z.B. ein Kontakttelefon für Schüler angeboten. Auf der Klassenebene werden spezielle Themen diskutiert und Handlungsalternativen besprochen. Außerdem gibt es die individuelle Ebene, auf welcher die Schüler selbst entscheiden, ob ein Bedarf für bestimmte Hilfen da ist und wie sie diese in Anspruch nehmen möchten (Bsp.: Gespräch mit Opfer, Täter und Eltern).
  Gemeinsam wollen sich Schule und Klassen von unerwünschtem Verhalten abgrenzen und Mobbing bekämpfen, indem dies stets auf Unterrichtsebene thematisiert und bearbeitet wird. Ziel ist es, klare Regeln zu schaffen und das Bewusstsein für Täter- und Opfersituationen zu erlangen. Das Programm selbst legt viel Wert auf Opferschutz, welcher aufgrund der Transparenz durch die Verteilung auf allen Ebenen gegeben werden soll.

---

[84]vgl. Schröder/Merkle, 2009
[85]vgl. BGAG Report, 2009, S.103

- (Peer-)Mediation:
  Die Peer-Mediation richtet sich, wie der Name bereits sagt, an Gleichaltrige. Sie ist ein Streit-Schlichtungsprogramm durch neutrale Dritte.
  Durch Vorbereitungskurse können Schüler zu Streitschlichtern ausgebildet werden. „Ziel der Streitschlichtung ist es, den Konflikt bei den Konfliktparteien zu lassen und ihnen durch die Unterstützung eines neutralen Vermittlers bei der fairen Lösungsfindung zu helfen."[86] Dies fördert bei den Schülern die Eigenverantwortung, die Konfliktfähigkeit und ermöglicht eine Hilfe zur Selbsthilfe.
  Ein Kritikpunkt an dieser Methode könnte sein, dass hiermit lediglich „kleinere" Konflikte gelöst werden können und die Schüler, die als Streitschlichter fungieren, nicht respektiert sondern verachtet werden.
  Mediation kann natürlich auch durch Nicht-Gleichaltrige vorgenommen werden, was häufig außerhalb des Schulbereichs vorkommt.

- Konfrontatives Interventionsprogramm (KIP):
  Das Konfrontative Interventionsprogramm ist eine Möglichkeit zum Umgang mit Jugendlichen, bei denen die akzeptierende und verständnisvolle Pädagogik keinen Erfolg mehr zeigt. Es ist gekennzeichnet durch den konfrontativen Erziehungsstil. Bei Regelverstößen werden die Jugendlichen direkt und permanent mit ihrem Verhalten und den Folgen konfrontiert. Konsequente und gerechtfertigte Grenzziehung im Umgang mit regelwidrigem Verhalten sind Grundlage für dieses Programm.

---

[86]vgl. Schatz: http://www.sgbviii.de/S84.html, S.3

Das Konfrontative Interventionsprogramm setzt sich aus Elementen der Glen Mills School, sowie des Anti-Aggressivitäts-Trainings zusammen.[87]

- Coolnesstraining (CT$^©$):
  Das Coolnesstraining ist abgeleitet aus dem klassischen Anti-Aggressivitäts-Training (AAT$^©$), welches später vorgestellt wird, und kann sowohl primär als auch sekundär präventiv in Schulen angewandt werden. Es greift explizit „gewalterzeugende und aufrechterhaltende Faktoren" [88] auf, um damit zu arbeiten. Für die Teilnehmer ist Gewalt eine legitime Lösung zur Durchsetzung eigener Regeln.
  In den Trainings wird es um Täter, Opfer, die Gruppe und die Sozialisationsinstanz Schule gehen. Die einzelnen Rollen werden in Interviews, Übungen, Rollenspielen und Fragebögen erprobt.
  Die Feindlichkeitswahrnehmung soll reduziert, die Feinfühligkeit gefördert, die Wahrnehmung in Bezug auf Gewalt geschult und die Frustrationstoleranz sowie Handlungskompetenz erweitert werden.
  Durch das Einüben verschiedenen Rollenverhaltens erkennen die Schüler Stärken als auch Schwächen und lernen mit ihnen umzugehen.
  Provokationen spielen eine große Rolle innerhalb der Übungen. Durch leichte Provokationstests lernen die Jugendlichen, schlagfertig zu sein und Ruhe zu bewahren. Die Gruppendynamik ist dabei sehr wichtig, da sie häufig Gewaltereignisse begünstigt.
  Mittlerweile gibt es eine Vielzahl von verschiedensten Coolnesstrainings, da es eine außergerichtliche und präventive Alternative zum Anti-Aggressivitäts-Training ist, die ebenfalls auf der Grundlage der konfrontativen Pädagogik praktiziert wird.[89]

5.3.2 Ansätze in der Jugendhilfe

Günther Schatz hält fest: „Grundsätzlich lassen sich zwei Zugänge festmachen, nämlich der spezifische und unspezifische Zugang. Der gewaltunspezifische Ansatz nimmt an, dass durch allgemeine förderliche Angebote, die sowohl die Per-

---

[87] vgl. http://www.sgbviii.de
[88] vgl. Schatz: http://www.sgbviii.de/S84.html, S.4
[89] vgl. Schröder/Merkle, 2009 und Schatz, 2009

sönlichkeit als auch das Umfeld potentieller oder tatsächlicher Täter ansprechen, indirekt positive Verhaltensänderungen im Sinne eines Absehens von Gewalt ergeben. Gewaltspezifische Präventionsprogramme setzen dagegen gezielt auf das unerwünschte Verhalten der gewaltbereiten Jugendlichen.".[90] Gewaltunspezifische Programme können erlebnispädagogische Aktivitäten, Projektarbeiten für Kultur, Politik, Bildung etc. und viele andere Programme sein. Die spezifischen Programme, die alle im Bereich der tertiären Prävention einzuordnen sind, werden nun kurz vorgestellt.

- Täter-Opfer-Ausgleich (TOA):
  Der Täter-Opfer-Ausgleich ist korrespondierend zur Mediation und „freiwillig". Täter und Opfer haben die Möglichkeit, einen Konflikt außergerichtlich aber ebenfalls durch einen neutralen Dritten zu klären. Hier werden dann die „schwierigeren" Konflikte gelöst. Die gesetzliche Grundlage ist §10 Abs. 1, Nr.7 JGG: „Weisungen (...) Der Richter kann dem Jugendlichen insbesondere auferlegen, (...) 7. sich zu bemühen, einen Ausgleich mit dem Verletzten zu erreichen (Täter-Opfer-Ausgleich)".[91]
  Zielgruppe sind in der Regel Jugendliche und Heranwachsende, die Straftaten begangen haben. Zur Erweiterung der Mediation beinhaltet der TOA zusätzlich Leistungen des Täters, die er zur Entschädigung des Opfers erbringen muss und die Berücksichtigung seiner Bemühungen für den weiteren Strafprozess.[92] Der Vorteil des TOA besteht darin, dass das Opfer sein Gesicht zeigen kann, ohne dabei mit weiteren Konsequenzen von Seiten des Täters rechnen zu müssen.

- Sozialer Trainingskurs (STK):
  Ein sozialer Trainingskurs richtet sich an Jugendliche und heranwachsende Straftäter im Alter von 14 bis 21 Jahren. Die gesetzliche Grundlage ist §10 Abs. 1, Nr.6 JGG: „Weisungen (...) Der Richter kann dem Jugendlichen insbesondere auferlegen, (...) 6. an einem sozialen Trainingskurs teilzunehmen."[93]
  Voraussetzung für diesen Kurs ist die Erziehungsbedürftigkeit in Anbetracht der Tat. Das Training ist sehr Problem- und handlungsorientiert, denn die

---

[90]vgl. Schatz: http://www.sgbviii.de/S84.html, S.3
[91]vgl. Stascheit, 2007: ebd. Jugendgerichtsgesetz
[92]vgl. Schröder/Merkle, 2009
[93]vgl. Stascheit, 2007: ebd. Jugendgerichtsgesetz

Täter sollen an den Ursachen arbeiten, die zur Tat beigetragen haben. Ihnen werden Lösungsstrategien für ihre Probleme vermittelt und sie lernen Verantwortung für ihr eigenes Handeln zu übernehmen, Toleranz zu zeigen und das eigene Selbstkonzept zu überdenken und zu bearbeiten.

Ziel eines solchen Kurses ist es, den Teilnehmer zum straffreien Leben zu befähigen und einem Rückfall in die Kriminalität vorzubeugen.

- Anti-Aggressivitäts-Training (AAT©):

  Das Anti-Aggressivitäts-Training ist eine delikt- und defizitorientierte Erweiterung des sozialen Trainingskurses. Es dient als Grundlage für viele präventive Trainings mit einem konfrontativen Ansatz. Dazu werden verschiedene Elemente herausgenommen und in andere Angebote integriert. Daher soll das Training an dieser Stelle ein wenig ausführlicher erläutert werden.

  Die Zielgruppe setzt sich aus 14-21-jährigen gewalttätigen Jugendlichen und Wiederholungstätern zusammen. Der Teilnahme an einem solchen Training geht ebenfalls ein richterlicher Beschluss voraus. Die Jugendlichen müssen sich in dem Training gezielt mit ihrer Tat, allen zugehörigen Umständen und Gefühlen sowie ihrem aggressiven Potenzial auseinandersetzen.

  Methodisch ist der Kurs lerntheoretisch-kognitiv fundiert. Erst nachdem eine Einstellungsveränderung stattgefunden hat, sind die Teilnehmer in der Lage, auch ihr Handeln zu verändern. Dies soll durch gezielte Übungen, welche die Empathie und das Schuldbewusstsein fördern, erreicht werden. Die Durchführung des Anti-Aggressivitäts-Trainings basiert auf der konfrontativen Pädagogik, wie bereits in Kapitel 4 erläutert wurde. Wesentlicher Bestandteil des Trainings ist der in Kapitel 4 ebenfalls dargestellte Heiße Stuhl, welcher für jeden Jugendlichen den Höhepunkt des Trainings darstellt.[94]

  Das klassische AAT© ist aus der Idee eines Geschlechterrollenseminars vom Anti-Aggressivitäts-Trainer Dr. Michael Heilemann heraus entstanden. Ab 1987 fand dann die Erprobungsphase für das Anti-Aggressivitäts-Training in der Jugendanstalt Hameln statt. Das Training basiert auf einem Curriculum, welches die folgenden Eckpfeiler beinhaltet:

---

[94]vgl. Schrönder/Merkle, 2009

1. „Aggressivitätsauslöser,

2. Aggressivität als Vorteil,

3. Selbstbild zwischen Ideal- und Realbild,

4. Neutralisierungstechniken,

5. Opferkommunikation/-perspektive

6. Provokationstest." [95]

Der erste Gesichtspunkt soll verdeutlichen, dass Aggression meist keine spontane Handlung ist, sondern durch bestimmte Reize hervorgerufen werden kann. Die Reize können ausgelöst werden durch Personen, Situationen, bestimmte Umstände, Begrifflichkeiten oder auch z.B. durch die Enthemmung aufgrund von Alkoholzufuhr. Oft ist das aggressive Verhalten eine Reaktion auf eine Provokation. Dessen sollen sich die Teilnehmer bewusst werden.

Die Aggressivität als Vorteil beschreibt die Tatsache, dass alle Straftäter ihrer Gewaltausübung einen bestimmten Nutzen zuschreiben. Sei es die Verteidigung, der Eigenschutz oder die Respektverschaffung. Für den ersten Moment scheint also dieses Verhalten für die Straftäter angemessen und unerlässlich. Nach dem ersten Strafvollzug wird sich allerdings herausstellen, dass jede weitere Gewalttat zum erneuten Arrest führt. Dieses Bewusstsein soll hergestellt werden.

Viele Teilnehmer haben ein überschätztes Selbstbild. Sie sehen sich als unüberwindbar. Häufig ist dieses Verhalten jedoch nur eine Fassade um die eigenen Schwächen nicht aufdecken zu lassen. Das Idealbild stimmt also mit dem Selbstbild nicht überein. Ziel dieses Eckpfeilers ist es, dem Jugendlichen dies zu verdeutlichen und ihn zu ermutigen, seine Schwächen einzugestehen und damit zu leben. Dies zeigt dann eine andere Art von Stärke.

---

[95]vgl. Buschyk/Sames/Weidner in Weidner/Kilb/Kreft (Hrsg.), 2009, S.79

Die Neutralisierungstechniken beziehen sich auf die Rechtfertigung von Gewalt. Alle Straftäter haben plausible Erklärungen für ihr Verhalten und befreien sich somit von jeglichem Schamgefühl und jeglicher Reue. Eine Legitimation dieses Handelns vermeidet es, sich mit dem moralischen Hintergrund des Geschehens auseinanderzusetzen. In dem Training sollen die Jugendlichen in Bezug auf Schuld- und Schamgefühl neutralisiert werden. Die Jugendlichen sollen ein Bewusstsein darüber erhalten, wie sich Schuld, Reue und Verantwortung für das eigene Handeln anfühlen.

Die Opferkonfrontation ist ebenfalls ein wichtiger Bestandteil des Trainings. Um keine reale Opferschädigung während der Sitzungen zu erhalten, wird mit symbolischen Opferfiguren gearbeitet wie sie beispielsweise in Filmen auftreten. Durch diese gezielte Konfrontation mit diesen Personen sollen die Täter Mitleid und Mitgefühl mit ihren Opfern erleiden. Ausreden und Distanz sind dabei kaum möglich und zwingen den Täter zur Auseinandersetzung mit den Gefühlen des Opfers. „Mit den Worten eines Trainingsteilnehmers: Mitleid, Mitgefühl verderbe den Spaß an der Gewalt!"[96]

Der letzte Eckpfeiler, der Provokationstest, sorgt für die Konfrontation der Teilnehmer mit ihren Schwächen. Durch die permanente und konsequente Provokation sollen sie an die Grenzen ihrer Selbstkontrolle und Aggressivität gelangen. Für die Trainer bedeutet dies, viel Fingerspitzengefühl mitzubringen, denn Gewaltausbrüche gilt es zu vermeiden. Schafft es der Teilnehmer nicht, sich zu beherrschen, muss der Provokationstest abgebrochen werden. Innerhalb des gesamten Trainings werden diese Tests mit den einzelnen Straftätern so oft durchgeführt, bis sie ihre Selbstkontrolle entsprechend steuern können.

Eine Evaluierung der Trainings stellte heraus, dass die Erregbarkeit der Jugendlichen durchaus gesenkt und die Aggressivitätshemmung erhöht wurde. Sie werden zwar seltener und in weniger heftigen Formen aggressiv, liegen dabei jedoch trotzdem noch über dem Aggressionsniveau des Durchschnitts. Auch eine Rückfallquote sei nicht auszuschließen. Dennoch sollte man den grob geschätzten vollständigen Erfolg auf 1/3 der Teilnehmer ei-

---

[96] vgl. Buschyk/Sames/Weidner in Weidner/Kilb/Kreft (Hrsg.), 2009, S.85

nes Kurses schätzen, denn es besteht stets das Bewusstsein darüber, dass nie 100% der Teilnehmer erfolgreich erreicht werden können. [97]

5.4 Resümee: Einfluss der konfrontativen Pädagogik auf die Präventionsarbeit

Vor allem primär und sekundär präventiv konzipierte Trainings greifen nur einige bestimmte Aspekte und Elemente der konfrontativen Pädagogik auf. Es wird in der primären Prävention grundsätzlich nicht nur mit Mehrfachauffälligen, sondern mit allen Gruppen gearbeitet.

Für die Trainings oder Programme bedeutet dies, dass sich die konfrontative Pädagogik in der damit verbundenen Haltung und dem Gesprächsstil zeigt. Es wird mit einem optimistischen Menschenbild gearbeitet und die Priorität liegt darin, das prosoziale Verhalten zu fördern, ein moralisches Bewusstsein zu schaffen und Handlungsalternativen einzuüben.

Regellisten und Trainingsverträge gehören zur Ausstattung fast aller Präventionsprogramme, um einen Rahmen zu schaffen. Sobald es dann zu Regelverstößen kommt, reagieren Trainer und Pädagogen mit der Konfrontation.

Der konfrontative Gesprächsstil zeichnet sich durch direktes Ansprechen eines Tathergangs oder eines Verstoßes und durch detailliertes Nachfragen aus. Dabei wird schon auf die kleinsten Verstöße reagiert, um größere Verstöße damit vielleicht vermeiden zu können. Die größten Denkanstöße können durch unmittelbare Reaktionen auf ein Verhalten gegeben werden.

Die konfrontative Pädagogik konnte sich durchsetzen, da viele gewaltbereite Jugendliche annehmen, Freundlichkeit sei ein Zeichen von Schwäche. Um nicht strafend und verurteilend auf sie zu reagieren, fand die konfrontative Pädagogik eine Antwort auf die Herangehensweise an diese Jugendlichen unter Beibehaltung der Wertschätzung jedes Einzelnen und wurde somit in viele präventive Angebote integriert.

---

[97]vgl. ebd. S. 78-94, weitere Referenz: Sandvoß/Krämer: Weiterbildung AGT

6 Das Training „Yes, she can!" als genderorientierter Präventionsansatz

6.1 Grundannahmen

Warum besteht die Notwendigkeit für ein spezielles Training für Mädchen?
Wie aus der vorausgegangenen Arbeit ersichtlich wurde, wird das Thema Mädchengewalt vor allem durch die Medien immer mehr ins Gespräch gebracht. „13-
Jährige führt gewalttätige Mädchenbande an" [98] ist nur eine von vielen Schlagzeilen und vermittelt bei den Lesern oft den Eindruck, dass die Mädchengewalt
nicht mehr zu bewältigen sei.
Wie bereits vorherige Erkenntnisse zeigten, ist dies ernst zu nehmen, aber dennoch eine Übertreibung. Die Triebtheoretiker Freud und Lorenz hielten fest, dass
aggressives Verhalten angeboren sei. Demnach besitzt jeder eine Grundveranla-
gung was das aggressive Verhalten betrifft.
Ausschlaggebend ist, wie dieses aggressive Verhalten ausgelebt wird. Da oft am
Mythos festgehalten wird, Mädchen würden ihre Aggressionen meistens nach
innen gekehrt ausleben, häufig sogenannte „Beziehungsgewalt" ausüben, Ausgrenzen, Ignorieren, Sticheln und Lästern, sind zumindest diese Formen für Au-
ßenstehende nur schwer ersichtlich. Was nun allerdings den Anstieg von gewaltbereiten Mädchen bedingt, unterliegt einerseits der Vermutung, dass die körperliche Gewalt nun auch für die Mädchen ein „legitimer Ausdruck von Frust und

---

[98]http://www.welt.de/regionales/berlin/article3488382/13-Jaehrige-fuehrt-gewalttaetige-
Maedchenbande-an.html

Aggression werden" könnte und andererseits der Distanzierung von der traditionellen Frauenrolle in der Gesellschaft. [99] Die Mädchen und Frauen müssten nach Krowatschek und Theiling kaum noch für Gleichberechtigung kämpfen. Diese stelle mittlerweile kein großes Problem mehr dar. Sicherlich gebe es in Führungspositionen immer noch einen grundlegenden Männerüberschuss, jedoch würde das von Mädchen und Frauen zunächst nicht als gravierendes Problem empfunden. Frauen distanzieren sich von der traditionellen Frauenrolle in dem Sinne, dass sie selbstständig sind, sich nicht unterordnen lassen und sich vor allem nicht ihre Freiheit nehmen lassen, wenn sie der Meinung sind, ihnen stehe sie zu. Dennoch wird die Zunahme von Straftaten der Mädchen [100] ernst genommen. Sie scheinen ihre Aggressionen mittlerweile auch verstärkt nach außen zu richten.

Mädchen beschäftigen sich (vor allem in der Pubertät) mit anderen Themen als Jungen und leben ihr aggressives Verhalten häufig auf andere Art und Weise aus. Der Begriff „Mädchengang" ist ein von vielen gefürchteter Begriff. Gewalt und Aggressionen erreichen meist ein viel höheres Ausmaß, sobald diese in Gruppen geschehen. Auch Mädchen finden sich, ebenfalls wie Jungen, in Gruppen zusammen und nicht selten kommt es im Anschluss zu Auseinandersetzungen mit anderen Gruppen oder Einzelgängern. Dabei geht es oft um Machtkämpfe und Konkurrenzbeseitigung, viele Cliquen und Jugendgruppen versuchen sich eine gewisse Präsenz in ihrer Wohngegend zu verschaffen. So etwas lässt sich zum Beispiel am „Revierkampf" festmachen. Für bestimmte Gruppen gibt es feste Orte, an denen sie sich häufig treffen. Selten haben zwei Gruppen den gleichen Treffpunkt.

Um mit präventiven Trainings im Gewaltbereich einen Transfer in den Alltag zu erhöhen, ist es nötig, alltagsnah zu arbeiten.

Konflikte mit Familie, Freunden und Feinden sowie Themen, die momentan bei den Mädchen aktuell sind, sollen in den Trainings aufgegriffen werden.

Es soll nochmals betont werden, dass Genderprojekte keinen grundsätzlichen Ausschluss des anderen Geschlechts zum Ziel haben. Vielmehr geht es darum, Authentizität zu bewahren, in den Rollenspielen spezifische Themen aufzugreifen und zu behandeln sowie den Mädchen die Chance zu geben, sich mit anderen Mädchen vergleichen zu können und im Idealfall voneinander zu lernen.

---

[99] Krowatschek/Theiling, 2008
[100] vgl. Kapitel 2.1 und Kapitel 2.2

6.2 Konzeption

Im Folgenden soll nun das Konzept des präventiven Anti-Gewalt- und Kompetenztrainings „Yes, she can!" vorgestellt werden.

Im Rahmen einer Anti-Gewalt-Trainer-Ausbildung wurde dieses Training von Jennifer Beyer und Saskia Hofmann speziell für Mädchen vor dem Hintergrund aller bereits dokumentierten Annahmen konzipiert.

„Yes, she can!" ist ein für Mädchen konzipiertes Training, in dem Handlungsalternativen eingeübt und ein Bewusstsein für die verschiedenen Formen und Auswirkungen von Gewalt und Aggressionen herbeigeführt werden sollen.

Prävention deswegen, um für die Jugendlichen so früh wie möglich Ansätze und Alternativen schaffen zu können. Den Handlungsspielraum zu erweitern und Anreize für das eigene Handeln zu geben, kann in vielen Fällen eine gezielte Intervention vermeiden. Es ist ein Training, welches sich grundsätzlich an Mädchen richtet, die Interesse daran haben, neue Ideen zu entwickeln und umzusetzen, ihre Fertigkeiten zu stärken und erweitern sowie alternative Möglichkeiten zu erlangen und kennenzulernen.

Einführung in ein spezielles Mädchen-Training

Gewalt als ein Phänomen, welches immer wieder an der Tagesordnung ist, lässt die Aufmerksamkeit der Öffentlichkeit und der Kriminalistik auf sich ziehen. Häufig tritt Gewalt dort auf, wo sie nicht erwartet wird. Gewalt ist eines der am häufigsten diskutierten Themen, was nicht zuletzt daran liegt, dass man im Alltag immer häufiger mit Jugendlichen konfrontiert wird, für welche es völlig legitim scheint, zuzuschlagen und in vielerlei Hinsicht gewalttätig zu werden.

Nicht selten sind Pädagogen ratlos im Umgang mit diesen Jugendlichen, zu denen gleichermaßen die Mädchen zählen.

Die konfrontative Pädagogik bietet an diesem Punkt einen speziellen Zugang und liefert ebenfalls die Grundlage für das Training „Yes, she can!".

In vielen Fällen wird außer Betracht gelassen, dass zu den „Jugendlichen" ebenso die Mädchen zählen, auf welche sich das Training ganz gezielt konzentriert. Gemeinsam mit den Mädchen wird das Verständnis zu den Themen Gewalt, Mob-

bing, Freundschaft etc. erarbeitet, Handlungsalternativen eingeübt und Selbstbewusstsein gefördert.

Grundlagen

Die Trainingsgestaltung basiert auf der Grundlage der konfrontativen Pädagogik
(siehe Kapitel 4). Mit einem autoritativen Erziehungsstil und einer konfrontativen
Haltung wird eine Basis für den Kurs geschaffen. Zu den Grundlagen gehören
ebenfalls die sieben Level der Konfrontation, sowie die 12 Eckpfeiler und die drei
Haupterziehungsziele.

Wichtig ist es, sich dabei nochmals bewusst zu machen, dass sich die konfrontative Pädagogik als Ergänzung zu einem lebensweltorientierten Verständnis
sieht und nicht als Alternative. Dabei grenzt sie sich deutlich von einem autoritär-
patriarchalischen Erziehungsstil und von einem akzeptierenden Begleiten sowie
einem rein permissiven Verständnis ab.

Des Weiteren ist es wichtig, zu beachten, dass Konfrontation immer einer Legitimation bedarf, das heißt die Teilnehmerinnen müssen stets folgende zwei Grundnormen akzeptieren:

1. Ich halte Konfrontation aus

2. Ich trage Konfrontation selbst mit

In der Umsetzung und im Umgang mit Regelverstößen oder sonstigen unangebrachten Verhaltensweisen wird den Mädchen mit den fünf Levels der Konfrontation gegenübergetreten. In dem Training werden ganz bewusst nur die ersten fünf
Level angewandt, da davon ausgegangen wird, dass in einem präventiven Training, welches grundsätzlich nicht für Mehrfachtäter gedacht ist, kein körperlicher
Einsatz notwendig ist.

Da das Kompetenztraining ein präventiv konzipiertes Training ist, greift es nur
einige bestimmte Aspekte und Elemente der konfrontativen Pädagogik auf. So
arbeitet es grundsätzlich nicht nur mit Mehrfachauffälligen, sondern zunächst mit
bestehenden Gruppen, unabhängig davon, ob oder wie viele gewalttätige oder
aggressive Vorfälle es bei jedem einzelnen oder in der Gruppe gab.

Für das Training bedeutet das, dass sich die konfrontative Pädagogik bei den Trainern in der damit verbundenen Haltung und dem Gesprächsstil zeigt. Das heißt, es wird mit einem optimistischen Menschenbild gearbeitet und die Priorität besteht darin, das prosoziale Verhalten zu fördern, ein moralisches Bewusstsein zu schaffen und einen individuellen Methodenkoffer für jedes einzelne Mädchen zu entwickeln.

Zu Beginn des Trainings bekommt jede Teilnehmerin sowohl einen Trainingsvertrag[101] als auch eine Regelliste. Mit ihren Unterschriften stimmen die Teilnehmerinnen auch automatisch den beiden oben genannten Grundnormen zu.

Sobald es dann zu einem Regelverstoß kommt, reagieren die Trainer mit den fünf Levels der Konfrontation (beginnend natürlich bei Level 1).

Die Teilnehmerinnen selbst sollten ebenfalls nach diesen Levels reagieren, sobald sie einen Regelverstoß bemerken.

Der konfrontative Gesprächsstil zeichnet sich durch direktes Ansprechen eines Tathergangs oder eines Verstoßes und durch detailliertes Nachfragen aus. Dabei wird schon auf die kleinsten Verstöße reagiert, um größere Verstöße so vermeiden zu können.

Des Weiteren wird sich das konfrontative Prinzip auch in einigen Übungen zeigen und in den thematischen Behandlungen immer wieder aufgegriffen.

Ziele und Inhalte des Trainings

„Yes, she can!" ist ein Trainingsangebot für junge Mädchen zur Verbesserung der Handlungskompetenzen in alltäglichen Konfliktsituationen, d.h. „Wie verhalte und reagiere ich, wenn ich merke, ein Konflikt bahnt sich an oder ein Konflikt ist bereits ausgebrochen?". Es soll die soziale Kompetenz in Hinsicht auf Kultur und Herkunft aber auch für allgemeine Zivilcourage und Gewaltprävention stärken. Außerdem soll ein Bewusstsein dafür entwickelt werden, wie unterschiedlich Menschen leben und eingestellt sind. Da bleibt es häufig nicht aus, dass man aneinander gerät. In dem Training wird versucht, eine Akzeptanz für dieses „Anders-Sein" zu schaffen. Zivilcourage spielt dabei insofern eine Rolle, dass sie bei vielen Jugendlichen nur noch minimal vorhanden ist.

---

[101]siehe Anhang A.2

Den Mädchen wird ein Begriffsverständnis davon gegeben und sie werden versuchen müssen, den Begriff in den Alltag einzubinden (Sehe ich hin, wenn es jemandem schlecht geht? Werde ich ihm helfen? Werde ich Hilfe holen? Wann kann ich helfen, wenn jemand Hilfe braucht? Welche Gedanken habe ich? Was passiert mit mir und wie reagiere ich letztendlich?).

Die Gewaltprävention ist in der Zielsetzung ein weiterer zentraler Aspekt. Es soll ein Verständnis der verschiedenen Gewaltformen geboten und eine Gewaltprävention entwickelt werden, die sich auch in den Alltag der Mädchen (Einrichtung, Wohngruppe, Familie) integrieren lassen kann. Denn oft kommt es vor, dass Konflikte jenes Ausmaß erreichen, welches Gewalt mit sich zieht. Dort soll angesetzt werden.

Dazu soll das Selbstbewusstsein gestärkt, Empathie entwickelt und ein Gruppengefühl konstruiert als auch verstärkt werden.

Das Kompetenztraining dient dazu, die eigenen Stärken und Schwächen kennen zu lernen und diese gezielt bei der Konfliktbewältigung einzusetzen.

Inhaltlich geht das Training so vor, dass einzelne Trainingsblöcke unterschiedlichen Themen zu geordnet sind, die später noch detaillierter erläutert werden.

In diesen Themenblöcken wird zunächst theoretisch ausgearbeitet, welche Auslöser, Ursachen und Folgen verschiedene Erscheinungsformen, wie Gewalt, Mobbing oder Klischees haben. Dabei steht vor allem die peer-group und wie sich solche Themen in den eigenen Cliquen der Mädchen äußern im Vordergrund.

Durch gezielte Übungen wird es dazu kommen, dass die Mädchen ihre eigenen Rollen in verschiedenen Gruppen definieren können und müssen. Dabei spielen Handlungsfertigkeiten wie Sprache, Wahrnehmung, Ausdruck von Gefühlen/Meinungen, Selbstbewusstsein usw. eine große Rolle. In jeglichen Konflikten lassen sich schnell Täter-Opfer-Strukturen erkennen, die gemeinsam herausgearbeitet und wenn nötig verändert werden.

Ein wesentlicher Bestandteil im Training wird auch der Umgang mit sowohl positiver als auch negativer Kritik sowie die Selbst- und Fremdwahrnehmung sein. Dies geschieht, sobald nach den Übungen eine Rückmeldung und Reflexion durchgeführt wird.

Rahmenbedingungen

Das Training ist an bestimmte Rahmenbedingungen geknüpft, ohne welche die Ausführung nicht möglich ist.

- Zielgruppe:

  „Yes, she can!" ist ein Kompetenztraining mit der Zielgruppe der Mädchen ab einem Alter von 8 Jahren. Diese Altersgrenze kann aber recht flexibel genutzt werden, da mit bestehenden Mädchengruppen im Jugendalter gearbeitet wird und es deshalb durchaus Altersunterschiede gibt. Das Alter von 8 Jahren sollte allerdings nicht deutlich unterschritten werden. Da das Angebot für bereits bestehende Gruppen gilt, ist es nicht möglich, das Training für eine Gruppe anzubieten, die neu zusammengestellt wurde und bei denen sich die Teilnehmerinnen nicht kennen.

  Häufig fordern Einrichtungen ein solches Training mit allen „Störenfrieden" aus einer Jahrgangsstufe einer Schule ein, doch diesem Wunsch kann man mit diesem Konzept leider nicht gerecht werden.

  Die Gruppengröße kann je nach Einrichtung, Wohngruppe und Klasse variieren, sie sollte eine Teilnehmerzahl von 30 Mädchen allerdings nicht überschreiten.

- Zeitrahmen:

  Das gesamte Training umfasst 21 Stunden und gliedert sich in 7 Blöcke á 3 Zeitstunden im Abstand von einer Woche.

  Die drei Zeitstunden ergeben sich, da die Mädchen jedes Mal aufs Neue zunächst eine Einfindungsphase benötigen. Einige Übungen können je nach Ausführung und Motivation der Teilnehmerinnen recht lange dauern.

  Der theoretische Input und die Entspannungsphase sollten natürlich ebenfalls nicht zu kurz kommen und benötigen oft auch Diskussionszeit.

  Während dieser Zeit ist es neben der Teilnahmepflicht der bestehenden Gruppe wichtig, dass mindestens ein Pädagoge aus der ursprünglichen Einrichtung oder Wohngruppe der Mädchen ständig anwesend ist. Es sollte ein Pädagoge mit einem anerkannten Status sein, der mit Ernsthaftigkeit in das Training eingebunden werden kann und dessen Anwesenheit die Mädchen schätzen. Die Anwesenheit des Pädagogen spielt eine wichtige Rolle, da er einerseits einen Ansprechpartner für die Trainer in Bezug auf die Mädchen darstellt und andererseits damit die Nachhaltigkeit des Trainings begünstigt werden soll.

Der Pädagoge erlebt die Mädchen in seinem Alltag anders als er sie in dem Training erleben wird. Von den Trainern wird des Weiteren durch die durchgehende Teilnahme die Integration der Inhalte und Erkenntnisse in die eigene Arbeit des Pädagogen außerhalb des Trainings erwartet.

Eine regelmäßige Teilnahme der Mädchen wird ebenfalls vorausgesetzt. Zu häufiges Fehlen führt zu dem Abbruch des Trainings für diese Person.

- Räumlichkeiten:

  Während der gesamten Zeit wird ein großer Raum mit wenigen Barrikaden benötigt. Da viele praktische Übungen durchgeführt werden, wird viel Platz beansprucht. Um das Unfallrisiko zu verringern bzw. zu vermeiden, müssen Gegenstände gut aus dem Weg geräumt werden können. Ausreichend Stühle für die Teilnehmerinnen und Trainer sollten vorhanden sein.

  Wichtig ist, dass pro Gruppe immer zwei Trainer das Training durchführen werden, unabhängig von der Gruppengröße. So können Gruppenübungen besser beobachtet und kontrolliert werden und mit den unterschiedlichen Charakteren der Trainer anders auf die Mädchen eingegangen werden.

  Optimal wäre es jedoch, wenn die Räumlichkeiten nicht von Woche zu Woche wechselten. Damit wird garantiert, dass sich die Mädchen in den Räumen wohl fühlen können und sich schneller ein- und zurechtfinden.

- Kosten:

  Die Kosten für das gesamte Training können variieren. Sie sind abhängig davon, ob die Trainer sich noch in ihrer Ausbildung befinden oder bereits ausgebildet sind.

  Grundsätzlich liegt der Brutto-Stundenlohn bei ca. 40 bis 50 Euro pro Trainer. Darin enthalten sind der Stundenlohn selbst, die Anfahrt, das Material, sowie dessen Verbrauch und Abnutzung und die Vor- und Nachbereitungszeit, unter die für die Trainer zusätzlich ein ausführliches Gespräch mit der Einrichtung zum Training und gegebenenfalls ein Elternabend (sofern gewünscht und möglich) fällt.

  Des Weiteren wird für jede Teilnehmerin am Ende des Trainings eine Foto-CD mit allen Eindrücken und Schnappschüssen aus dem Training und eine Teilnahmebescheinigung an jedes Mädchen ausgehändigt.

- Sonstiges:
  Zusätzlich ist es wichtig, dass die Einrichtung bereit ist, die Verpflegung während des Trainings zu stellen. Es sollten Getränke sowie ein kleiner Snack wie z.b. Obst oder Gebäck vorhanden sein.
  Außerdem muss vorab geklärt werden, ob Medien wie Videoprojektor, Overheadprojektor etc. zur Verfügung gestellt werden können oder ob diese von den Trainern selbst mitgebracht werden müssen.

Methoden

- Warm-Up:
  Zu Beginn jedes Trainingsblockes und auch nach jeder Theorieeinheit wird ein sogenanntes Warm-Up, eine Aufwärmübung, durchgeführt. Die Mädchen werden wach und haben spielerisch Zeit, sich in der Gruppe und den Räumlichkeiten einzufinden. Solche Übungen werden ebenfalls nach langen Theorieeinheiten durchgeführt, um neue Konzentration herzustellen.Der Kreislauf wird angeregt und die Muskeln werden oft beansprucht, sodass sowohl eine körperliche Fitness hergestellt werden kann, als auch das Verletzungsrisiko bei z.B. elebnispädagogischen Übungen verringert wird.

- Cool-Down:
  Beendet wird jeder Trainingsblock mit einem Cool-Down. Dies beinhaltet Entspannungsübungen, die die Muskeln lockern und das Training ruhig ausklingen lassen sollen. Es können Formen von Massage sein, Entspannungsgeschichten oder Traumreisen.

- Definitionsfindung:
  Gerade in den Theorieteilen wird es viel um Definitionsfindungen gehen. Es werden Grundlagen für Begriffe wie Gewalt, Zivilcourage, Rechtsextremismus etc. benötigt. In dieser Phase wird oft schon deutlich, wie unterschiedlich jeder Einzelne über diese Begriffe denkt und wie weit ein Definitionsspielraum sein kann.

- Diskussion:
  Im Anschluss an Definitionsfindungen ergeben sich häufig Diskussionen.

Ziel ist es, sich gemeinsam auf eine Definition zu einigen, die während des Trainings im Hinterkopf behalten werden soll. Zeit für Diskussionen zu lassen ist wichtig, da sich die Mädchen nicht nur mit ihren eigenen sondern auch mit den Gedankengängen der anderen auseinandersetzen müssen. Bei vielen entsteht hierdurch ein Lernprozess.

- Wahrnehmungs- und Ausdrucksübungen:
  Es werden Wahrnehmungs- und Ausdrucksübungen angeleitet, bei denen die Mädchen reflektieren, wie sie sich verhalten und wie sie dabei wirken („Wie ist meine Haltung/meine Mimik?", „Wie wirke ich damit auf andere?", „Was glaube ich, wie ich wirke?", „Zeige ich körperliche Symptome, die von Nervosität oder Aufregung zeugen?", „Welcher Typ bin ich?"). Das persönliche Erscheinungsbild steht hierbei im Vordergrund. Vor allem selbstbewusstes Auftreten wird in solchen Übungen trainiert.

- Pädagogische Kampfübungen:
  Pädagogische Kampfübungen als Ausdruck dafür, dass Kämpfen auch Spaß machen kann, sollen den Mädchen zeigen, wie wichtig es ist, sich an Regeln zu halten und dass es durchaus Spaß machen und lustig sein kann, wenn man sich z.B. mit Batakas[102] auf einen Spaß-Kampf einlässt. Es ist ein Kampf mit Regeln in einem geschützten Rahmen und wichtig ist, dass es immer Sieger und Verlierer geben wird.

- Interaktion- und Kommunikationsübungen:
  Geht es um das Thema Klischees, Rollenbilder und Vorurteile, werden verstärkt Interaktionsübungen durchgeführt. Die Situation wird verdeutlicht, Rollendistanz geschaffen sowie Empathie entwickelt, als Beispiel die Fragestellung „Wie fühlt sich ein muslimisches Mädchen, das wegen ihres Kopftuches völlig ausgegrenzt wird, wenn ich dieses Mädchen selbst darstellen soll?". In Bezug auf Kommunikation wird nochmals verdeutlicht, wie wichtig die Sprache im Umgang mit anderen Menschen und im Umgang mit Gefühlen ist.

- Erlebnispädagogik und Kooperationsübungen:
  Außerdem wird es einige spannende, erlebnispädagogische Elemente in

---

[102]Schaumstoffschläger für fairen Kampf untereinander

dem Training geben, bei denen die Stärken jedes Einzelnen und der gesamte Gruppenprozess stets zu interessanten Erkenntnissen führen. Diese Übungen sind oft sehr sportlich und benötigen besonders viel Aufmerksamkeit der Trainer. Auch sind sie zeitlich meist recht anspruchsvoll. Hierbei stehen sie vor Aufgaben, die ohne Kooperation nicht zum Ziel führen. Die Lösungen bedürfen stets einer gemeinsamen Lösungsfindung und sind meist durch eine Person allein nicht zu bewältigen.

- Vertrauensübungen:
  Wenn die Trainer merken, dass die Gruppe sich mittlerweile aufeinander einstellen kann und gut harmoniert, werden Vertrauensübungen angeleitet. Hier muss viel Vorsicht gewährt werden, denn sofern ein Vertrauensmissbrauch bei einer Teilnehmerin stattfindet, wird dieses Vertrauen im Rahmen des Trainings nicht wieder so schnell aufgebaut. Deshalb werden Vertrauensübungen gestaffelt und es wird mit einer Übung begonnen, die sich vom Schwierigkeitsgrad im unteren Bereich befindet. Die Teilnehmerinnen lernen hier, sich auf andere verlassen zu können, aber auch selbst anderen Halt zu geben.

- Psychodrama:
  Eine weitere Methode, die hin und wieder, aber mit Begeisterung in das Training eingebunden wird, ist das Psychodrama bzw. Elemente aus dem Psychodrama. Darunter fällt das Szenische Spielen und Handeln, bei welchem unterbewusste Gedanken und Gefühle zum Vorschein kommen.

Dieser Methodenmix lässt sich in fast jedem der sieben Trainingsblöcke wiederfinden, da diese stets gleich konzipiert sind.
Grundsätzlich ist jeder Trainingsblock eines Kompetenztrainings zeitlich in folgende vier Grundeinheiten unterteilt:

1. Warming-Up: Übungen zum Kennenlernen, Aufwärmen, Wachwerden und zur Steigerung der Aufnahmefähigkeit.

2. Kampf- und Bewegungsspiele: Übungen zum Umgang mit Aggressionen, Regeln und Kooperation. Aber auch Spaß und „Auspowern" sollen nicht zu kurz kommen.

3. Inhaltlicher Schwerpunkt: Theoretischer Input zum jeweiligen Themenkomplex, der mit themenbezogenen Übungen vertieft wird.

4. Cool-Down: Entspannungsübungen zum Ausklingen des Trainings.

Strukturierung des Trainings

- Tag 1 - Kennenlernen und Einführung in das Thema Gewalt:
  An diesem Tag geht es noch nicht um einen gezielten thematischen Einstieg, sondern um die grundsätzliche Einführung in das Training und um das Kennenlernen aller Beteiligten. Konkret bedeutet das neben der Vorstellung, die Regeln und Grundnormen des Trainings gemeinsam zu besprechen und zu erarbeiten. Um ein reibungsloses Miteinander zu wahren, muss jede Teilnehmerin einen Trainingsvertrag[103] unterzeichnen.
  Gerne werden am ersten Tag auch Materialen, wie sogenannte Batakas eingesetzt, um den Jugendlichen zu verdeutlichen, dass das Training durchaus interessant wird und es nicht hauptsächlich oder offensichtlich darum geht, Themen theoretisch zu bearbeiten. So und durch themenbezogene Kennenlernübungen und Warm-Ups wird sich dem thematischen Einstieg genähert.
  Im Folgenden wird der Ablauf des ersten Tages mit seinen einzelnen (möglichen) Übungen dargestellt.
  Nach einer ersten Kennenlernrunde gibt es Informationen zum Training von Seiten der Trainer sowie Darstellungen der Erwartungen, Wünsche und „No-Gos" (Dinge, die auf keinen Fall im Training passieren sollen und dürfen) der Teilnehmerinnen. Diese werden bis zum Ende des Trainings sichtbar, z.B. an einer Flip-Chart, befestigt.
  Daraufhin wird der Tainingvertrag besprochen und unterschrieben.

Regeln des Trainingsvertrages:

1. „Stopp!" bedeutet Aussetzen jeden Handelns.

2. Es herrscht Schweigepflicht und keinerlei Aussagen dürfen nach außen getragen werden.

---

[103]siehe Anhang A.1

3. Es wird niemand bestraft.

4. Niemand wird unterbrochen, wenn er spricht.

5. Gefühle sind erlaubt und werden nicht bewertet.

6. Die Respekt-Regel: Keiner wird beleidigt, ausgelacht oder verletzt

7. Jeder hat die gleichen Rechte.

8. Alle Regeln werden überprüft, Regelverstöße haben Konsequenzen.[104]

Darüber hinaus muss in die bereits erwähnten Grundnormen zur Akzeptanz der Konfrontation eingewilligt werden.

1. *Übung*: Wer ist so wie ich

Ziel:

Kennenlernen, Hemmschwellen überwinden, Annähern an das Thema Gewalt

Material:

kein Material

Anleitung:

Die Teilnehmer und Trainer bilden einen Kreis. Die Trainer stellen nun verschiedene Fragen an die Gesamtgruppe. Aufgabe der Teilnehmer ist es dann, einen Schritt nach vorne zu gehen, wenn sie der Frage zustimmen wollen und stehen zu bleiben, falls sie sich unsicher sind oder die Frage mit „Nein" beantworten würden. Diejenigen, die einen Schritt nach vorn treten, schauen sich kurz an und gehen dann wieder zurück in den Kreis. Das ganze geschieht abgesehen von der Frage nonverbal. Fragen können sein: Wer isst gerne italienisches Essen? Wer geht gerne schwimmen? Bis hinzu Fragen, wie Wer hat schonmal rechts überholt? Wer wurde schonmal geschlagen? Wer hat selbst schonmal geschlagen? Wer hält

---

[104] Auszug aus der Anti-Gewalt-Trainer-Ausbildung 2009

sich für gewaltbereit? Wer hält sich für friedfertig? Es soll eine lang-
same Annäherung an das Thema Gewalt im Laufe der Fragerunden
geschehen.

Regeln:

Jeder kann, keiner muss, dennoch wird um Ehrlichkeit zu sich selbst
gebeten.

2. *Übung*: Gewaltbarometer

Ziel:

Bewusstsein zum Thema wecken, Definitionsannäherung

Material:

ca. 10-20 Karten mit Tat- und Situationsbeschreibungen, jeweils eine Karte mit der Aufschrift „Gewalt" und „Keine Gewalt"

Anleitung:

Die Trainer legen die verschiedenen Karten in die Mitte. Sie haben
Aufschriften, wie z.B. „Ein Arzt bricht einem beim Reanimieren jungen Mann eine Rippe", „Ein Boxer schlägt seinen Gegner in der letzten Minute k.o. und gewinnt den Kampf", „Eine Frau mit Kopftuch",
„Polnische Jugendliche, die Wodka trinken", „Eine Bulldogge" usw..
Die Trainer legen auf eine Seite das Schild „Gewalt" und auf die andere das Schild „Keine Gewalt". Aufgabe der Teilnehmer ist es, die
Karten in der Mitte nun so zwischen den beiden Anfangsschildern
zu positionieren, dass ein sogenanntes Gewaltbarometer entsteht.

3. *Übung*: Definitionsfindung

Ziel:

Trainingseigene Definition finden

Material:

Stifte, Zettel, Flip-Chart

Anleitung:

Die Teilnehmer finden sich in kleinen Gruppen zusammen und versuchen innerhalb dieser eine Definition für den Begriff „Gewalt" zu formulieren. Anschließend werden alle Definitionen vorgestellt, diskutiert und die Gesamtgruppe soll sich auf eine für das Training geltende Definition einigen, die dann an der Flip-Chart festgehalten wird.

4. *Übung*: Praktische STOP-Regel

Ziel:

die Stop-Regel, persönliche Grenze finden

Material:

kein Material

Anleitung:

Die Teilnehmer stellen sich paarweise auf, sodass sie sich an den gegenüberliegenden Wänden befinden und somit einen Abstand von einigen Metern zueinander haben. Auf Kommando der Trainer, dass die Partner der einen Seite in einem bestimmten Tempo auf ihren Partner der anderen Seite zugehen, wird diese Anweisung erfüllt. Der Teilnehmer, auf welchen nun zugegangen wird, hat die Aufgabe, für sich selbst heraus zu finden, wo die persönliche Nähe-Distanz-Grenze ist und sobald diese Grenze erreicht ist laut Stop zu rufen. Der Partner hat den Auftrag direkt stehen zu bleiben, sobald das Signalwort ertönt. Das ganze Procedere wird unter Anleitung der Trainer mit weiteren Geschwindigkeiten (von gehen über laufen bis hin zu rennen) fortgeführt. Nach dem ersten gesamten Durchlauf werden die Rollen getauscht.

5. *Übung*: Igelball-Massage

Ziel:

Entspannung

Material:

Igelbälle, Musik

Anleitung:

Die Teilnehmer finden sich zu zweit zusammen. Jedes Paar bekommt einen Igelball und darf sich nun gegenseitig bei entspannen-
der Musik eine Igelballmassage verschaffen. Die Teilnehmer dürfen
sich aussuchen, ob sie sich auf Stühle setzen, auf den Bauch legen
oder auf den Boden setzen. Jeder soll für sich eine Position der ma-
ximalen Entspannung suchen. Nach einigen Minuten kündigen die
Trainer einen Tausch von Masseur und Massiertem an.

Anschließend findet eine kurze Reflexionsrunde statt, in welcher jeder Teilnehmer die ersten Eindrücke, die aktuelle Verfassung und sonstige Anmer-
kungen zum ersten Tag loswerden darf.

- Tag 2 - Fortführung Thema Gewalt:
Beim zweiten Treffen wird sich alles um das Thema Gewalt drehen. Es wird
einen theoretischen Block sowie Übungsanteile geben, in denen es um das
Gefahrenpotenzial Gewalt geht. Hierbei soll es um die verschiedenen Po-
sitionen und die in dem Zusammenhang aufkommenden Gefühle gehen.
Jedes Mädchen soll hierbei jeweils einmal in die Rolle des Opfers und die
des Täters gebracht werden bzw. sich in der Gewinner- oder Verliererpo-
sition befinden. Hierbei wird besonders großer Wert auf die Reflektion und
die eindeutige Benennung der jeweiligen Gefühle sowie die dazugehörigen
Gedanken, wie sich der gegenüber vermutlich fühlt, gelegt.
Darüber hinaus ist es uns in dieser Sequenz wichtig, ein Bewusstsein darüber zu erlangen, dass Gewalt und Machtpositionen auch Spaß machen
können und dass dies in der Natur des Menschen liegt. Der zentrale Punkt
besteht darin, die eigenen Gefühle und Aggressionen unter Kontrolle zu
halten und klare Grenzen zu ziehen. Dafür sollen die Mädchen sensibilisiert
werden.

1. *Übung*: Wäscheklammern

Ziel:

Warm-Up

Material:

Wäscheklammern in doppelter Anzahl der Teilnehmer

Anleitung:

1. Variante: Jeder Teilnehmer bekommt zwei Klammern, die er an seinem Oberteil befestigen sollte. Nach dem Startsignal der Trainer versucht jeder einzelne, so viele Klammern wie möglich bei den anderen abzunehmen und diese bei sich an die eigene Kleidung zu klemmen. Der ganze Raum kann dabei genutzt und möglich viele Wäscheklammern sollen gesammelt werden. Die Trainer beenden die Aufwärmübung.

2. Variante: Jeder Teilnehmer bekommt zwei Wäscheklammern und versucht diese bei den anderen zu befestigen. Der Ablauf ist der gleiche, nur soll hier versucht werden, möglichst wenig Wäscheklammern an der eigenen Kleidung zu haben.

Regeln:

Stop- Regel, Acht geben auf die Kleidung der anderen

2. *Theorie*: Formen von Gewalt und Aggressionen

Ziel:

Bewusstsein über verschiedene Gewaltformen herstellen, Diskussionsanregung

Material:

Flip-Chart/Tafel, Stifte, auch Powerpoint-Präsentation möglich

Anleitung:

Gemeinsames Erarbeiten verschiedener Gewaltformen. Die Trainer übernehmen hier erstmal nur die Gesprächsführung und -leitung, sowie die Dokumentation. Später werden wichtige Dinge noch ergänzt und der Theorieanteil zusammengefasst

3. *Übung*: Der heilige Gral

Ziel:

sich positionieren können, gewaltfreies Durchsetzen, Täter-Opfer-Rolle übernehmen

Material:

ein Gegenstand, der als Gral fungiert, Stühle

Anleitung:

Ein Teilnehmer bekommt von den Trainern einen Gegenstand überreicht, der den heiligen Gral darstellt. Dieser setzt sich in der Mitte auf einen Stuhl und soll sich vorstellen, dass der heilige Gral alle Wünsche erfüllen kann und er ihn um keinen Preis abgeben und loslassen soll. Nun wird ein weiterer Teilnehmer beauftragt, sich den Gral anzueignen. Um die Situation spannender zu machen, ist es möglich, dass die Restgruppe die Teilnehmer anfeuern darf.

Regeln:

Stop-Regel

4. *Übung*: Die dunkle Gasse

Ziel:

das Ziel nicht aus den Augen verlieren, Impulskontrolle, Körperhaltung, Selbst- und Fremdwahrnehmung, Opferrolle

Material:

roter Punkt

Anleitung:

Die Teilnehmer stellen sich gegenüber und bilden eine menschliche Gasse mit einem Abstand von ca. 90cm. Am Ende der Gasse wird ein Ziel markiert, z.B. ein roter Punkt auf der Wand. Jeder Teilnehmer wird nun nacheinander versuchen durch die Gasse zum roten

Punkt zu gehen. Die Schwierigkeit dabei ist, dass ihm in der Gasse ein Trainer als „dunkler Geselle" begegnen wird, der Lust auf Streit hat, ihm den Weg versperrt und ihn provozieren (anfassen, blöde Sprüche etc.) wird. Die Aufgabe der Teilnehmer ist es, ihr Ziel nicht aus den Augen zu verlieren und jeglicher Eskalation zu entgehen. Der Trainer, welcher nicht in der Gasse sein wird, und die Teilnehmer, die die Gasse bilden, achten auf körperliche Symptome, die von Stress zeugen (z.B. roter Kopf, Zittern in der Stimme), auf die Haltung und auf die Kommunikation. Nicht jeder Teilnehmer wird es schaffen, das Ziel zu erreichen.

Besonderes:

Der zweite Trainer legt besonderes Augenmerk auf den Situationsverlauf in der Gasse. Das Eskalationspotenzial bei dieser Übung ist sehr hoch und er muss die Übung im richtigen Moment beenden. So kommt es durchaus vor, dass es Teilnehmer gibt, die nicht am Ziel ankommen. In der Auswertung sollte dann die Selbstreflexion und der Lernerfolg aus dieser Übung sowie Selbst- und Fremdwahrnehmung im Vordergrund stehen, nicht das Misslingen, nicht am Ziel angekommen zu sein.

5. *Übung*: Bodyguard

Ziel:

Schutz und Sicherheit erfahren

Material:

kein Material

Anleitung:

Die Teilnehmer finden sich zu dritt zusammen. Eine Person stellt einen Prominenten dar, die anderen beiden sind Bodyguards und beschützen. Nun sollen sie von der einen Seite des Raumes auf die andere gehen und haben die Aufgabe, die Person in der Mitte so gut wie möglich zu beschützen, während die anderen Teilnehmer (Fans des Prominenten) versuchen an den Prominenten heranzukommen, ihn ansprechen und anfassen wollen. Im ersten Durchlauf werden die Trainer die Rolle der Fans übernehmen, damit die Vehemenz des Handlungsablaufes für alle klar ist.

Regeln:

Es wird vorher klar besprochen, wie vehement versucht werden darf, an den Prominenten heranzukommen. Zur Verdeutlichung übernehmen den ersten Durchlauf der Übung die Trainer

6. *Übung*: Traumreise

Ziel:

Entspannung

Material:

leise Musik, Geschichte

Anleitung:

Die Teilnehmer suchen sich eine Position, in der sie gut entspannen können. Die Trainer lassen leise Entspannungsmusik laufen und erzählen eine Geschichte, bei der sich die Teilnehmer mit geschlossenen Augen auf eine Traumreise begeben.

- Tag 3 - Thema Selbstbewusstsein:
An diesem Trainingstag, geht es um das Thema Selbstvertrauen. Die Mädchen sollen in einem ersten Schritt ihre Stärken herausarbeiten und in einem zweiten Schritt diese benennen und präsentieren.
Darüber hinaus wird es viele Übungen im Bereich Mimik und Haltung geben. Die Mädchen müssen sich in der Gruppe präsentieren und bekommen eine Rückmeldung bezüglich ihres Auftretens. Sie sollen darin bestärkt werden, eine positive und selbstbewusste Grundhaltung einzunehmen sowie sich über ihre eigene Mimik, Gestik sowie Haltung und deren Wirkung bewusst zu werden. Auch soll ihre Aufmerksamkeit darin geschult werden, potenzielle Gefahrensignale von Tätern früh zu erkennen und adäquat darauf zu reagieren bzw. die Gefahr, wenn möglich, abzuwenden.

1. *Übung*: Evolution

Ziel:

Warm-Up

Material:

kein Material

Anleitung:

Die Trainer erzählen eine humorvolle Geschichte über die Evolution, die folgendermaßen klingt: Am Anfang gab es ein Ei (dabei müssen sich alle Teilnehmer in der Hocke klein zusammenkauern) woraus sich das Huhn entwickelte (weiterhin gebückt gehen, nun aber noch die Arme für den Flügelschlag benutzen), daraus entwickelte sich im Laufe der Zeit ein Dinosaurier (hier gehen die Teilnehmer wieder auf zwei Beinen und simulieren mit den Armen über dem Kopf ein aufreißendes Maul und brüllen laut) dann entsteht der Ninja (Hand- und Beinbewegung wie ein Ninja-Kämpfer) und ganz zum Schluss ist der Weise da (in dieser Stufe stellen sich die Teilnehmer auf einen Stuhl und verschränken die Arme vor der Brust). Haben alle Teilnehmer die Stufen verstanden, verwandeln sie sich allesamt in Eier und starten die Evolutionsgeschichte. Sobald sie einem Teilnehmer der gleichen Entwicklungsstufe begegnen spielen sie Schere-Stein-Papier gegeneinander. Der Gewinner geht über in die nächste Stufe, der Verlierer fällt in die Vorstufe zurück (sofern es eine gibt). Die Weisen sind die einzigen Wesen, die nicht mehr weiter kämpfen müssen. Wichtig ist, dass nur die gleichen Entwicklungsstufen gegeneinander spielen dürfen.

2. *Übung*: Catwalk

Ziel:

Selbstwahrnehmung, Fremdwahrnehmung

Material:

kein Material

Anleitung:

Die Gruppe bildet zwei Reihen und stellt einen Laufsteg oder eine Gasse dar. Einzelne Teilnehmer haben nun die Möglichkeit den Catwalk hin und wieder zurück zu gehen und das ganze möglichst authentisch. Anschließend beschreibt der jeweilige Teilnehmer das Gefühl, wie es ist, von allen angesehen zu werden und im Mittelpunkt zu stehen. Die anderen Teilnehmer rückmelden, wie sie die Person wahrgenommen haben, ob sie authentisch war, ob Kennzeichen der Nervosität o.ä. zu erkennen waren und weitere Dinge zur Außenwirkung (Mimik, Gestik, Haltung) dieser Person.

3. *Übung*: In den Kreis kommen

Ziel:

Eigene Strategie entwickeln, soziale Kompetenz, (non-verbale) Kommunikation

Material:

kein Material

Anleitung:

Die Teilnehmer verlassen den Raum. Der Rest des Kurses bildet einen Kreis, indem sich alle an die Hand nehmen. Sie bekommen die Information, dass die Teilnehmer, die den Raum verlassen haben, hereinkommen werden und versuchen werden in den Kreis zu kommen. Vorgabe an den Kreis: Jeder darf in den Kreis gelassen oder draußen gelassen werden. Es darf sich nicht untereinander abgesprochen werden, mit der Person, die in den Kreis möchte darf, muss aber nicht gesprochen werden. Betritt die erste Person den Raum, bekommt sie die Anweisung: Werde Teil des Kreis, du hast eine Minute Zeit (Trainer überblickt die Zeit). War der Teilnehmer nach 30 Sekunden noch nicht erfolgreich, wird ihm die verbleibende Zeit genannt und darauf hingewiesen, dass er sein bisheriges Verhalten ändern kann aber nicht muss. Egal ob der Teilnehmer es in der vorgegebenen Zeit geschafft hat in den Kreis zu kommen oder nicht, wenn die nächste Person den Raum betritt, befindet er sich im Kreis der Gruppe.

4. *Übung*: Bewegung nachahmen

Ziel:

Warm-Up, neue Konzentrationsfähigkeit herstellen

Material:

kein Material

Anleitung:

Alle Teilnehmer laufen durch den Raum. Es wird ein Teilnehmer bestimmt, der eine beliebige Bewegung vormacht. Die anderen Teilnehmer machen diese Bewegung nach. Der Trainer bestimmt in regelmäßigen Abständen einen neuen Teilnehmer, der eine andere Bewegung vormacht.

5. *Übung*: Talk behind your back

Ziel:

Kritik äußern und Kritik annehmen

Material:

Stühle

Anleitung:

Alle Teilnehmer setzen sich in einen Stuhlkreis. Dann wird ein Teilnehmer ausgewählt, der sich freiwillig bereit erklärt, einmal auszuprobieren, was andere erzählen, wenn man ihnen den Rücken zukehrt. Diese Person sitzt nun mit etwas Abstand und mit dem Rücken zum Kreis. Die Gruppe wird nun ein Gespräch, Mutmaßungen und Meinungen zu dieser Person äußern. Der Teilnehmer, der mit dem Rücken zum Kreis sitzt, darf sich nicht zum Gesagten äußern. Die einzige Option, die er hat, ist Stop zu sagen, wenn die Situation für ihn unerträglich wird.

Regeln:

Es wird ein sachlich, ernsthaftes Kreisgespräch geführt, keine Verletzungen oder Beleidigungen. In Anbetracht des Themas „Selbstvertrauen" soll es hauptsächlich um positive Ereignisse, Eigenschaften etc. gehen.

6. *Übung*: Kreismassage

Ziel:

Entspannung

Material:

kein Material

Anleitung:

Alle Teilnehmer stellen sich in einem Kreis mit dem Gesicht zur Mitte auf und drehen sich dann gemeinsam um 90 Grad, sodass sie ihre Hände auf die Schultern des Vordermanns legen können. Jetzt beginnt die Kreismassage.

7. *Abschluss*: Reflexion

Ziel:

positive Eigenschaften erkennen und akzeptieren

Material:

Stühle

Anleitung:

An diesem Tag wird die tägliche Abschlussreflexion so gestaltet, dass sich die Teilnehmer zunächst zum Tag äußern und dann das Wort an die nächste Person weitergeben, indem sie eine positive Eigenschaft zu dieser äußern. Beispiel: Am heutigen Tag fand ich es gut, dass wir so viel über uns selbst lernen konnten und an dir Lisa finde ich gut, dass du so ehrlich bist.

- Tag 4 - Thema Vertrauen:

In diesem Schritt wird nach Festigung der Gruppe das Thema Vertrauen aufgearbeitet. Hierbei werden verschiedene Aspekte des Vertrauens angesprochen und diskutiert.

In verschiedenen Gruppeninteraktionsübungen soll das Gruppengefühl unterstützt und vor allem prosoziales Verhalten gestärkt werden. Die Teilnehmerinnen müssen als Gruppe fungieren und erleben idealerweise einen Rückhalt der Gruppe.

In dieser Einheit achten die Trainer besonders auf die Rollenverhältnisse in der Gruppe und versuchen, die eher introvertierten Teilnehmerinnen zu animieren und besonders zu integrieren. Eher extrovertierte Teilnehmerinnen sollen lernen, sich auch zurückhalten zu können und durchaus vom Rest der Gruppe geleitet zu werden.

1. *Übung*: Titanic

   Ziel:

   Warm-Up, Gemeinschaftsgefühl wecken

   Material:

   Stühle an der Anzahl einen weniger als Teilnehmer und Musik

   Anleitung:

   Zu Beginn werden die Stühle in die Mitte gestellt (Aufbau und Übungsablauf nach dem „die Reise nach Jerusalem- Prinzip"). Die Teilnehmer bewegen sich zur Musik um die Stühle herum und sobald diese nicht mehr zu hören ist, sucht sich jeder einen Platz. Von Runde zu Runde werden Stühle entfernt, so dass die Teilnehmer immer enger zusammen stehen und sitzen, denn es ist erlaubt einen Stuhl für mehrere Personen zu nutzen. Um Motivation und Ehrgeiz in der Gruppe zu wecken, können die Trainer vorher erfragen, auf wie viele reduzierte Stühle es die Gruppe wohl schaffen wird.

Regeln:

Die Teilnehmer sollen aufeinander achten und sich Sicherheit geben, Verletzung und Gefahren sollen vermieden werden.

2. *Übung*: Hände ertasten

Ziel:

Nähe aufbauen, Vertrautheit entwickeln

Material:

Stühle

Anleitung:

Die Teilnehmer finden sich zu zweit zusammen und setzen sich in zwei Reihen auf ihre Stühle gegenüber. Nun schließen alle die Augen und nehmen die Hand ihres Partners. Eine Minute lang können sie ihre Hände gegenseitig ertasten, erkunden und die Besonderheiten herausfühlen. Eine der beiden Reihen bleibt nun sitzen und lässt die Augen geschlossen. Die Teilnehmer der anderen Reihe werden nun etwas durchgemischt und setzen sich erneut wieder hin. Aufgabe der Personen, die ihre Augen geschlossen haben, ist es ihren Partner anhand des Händeertastens zu erkennen. Meint diese Person ihren Partner erkannt zu haben, so äußert sie dies und der angenommene Partner stellt sich hinter diese Person. Die Augen bleiben geschlossen. Alle anderen Teilnehmer rotieren so lange, bis sie als Partner identifiziert wurden. Die gesamte Übung läuft non-verbal ab. Am Ende öffnen alle Teilnehmer die Augen und überprüfen, ob sie ihren Partner richtig ertastet haben.

3. *Übung*: Pendeln

Ziel:

Nähe und Vertrauen spüren

Material:

kein Material

Anleitung:

Während der Übung ist es möglichst ruhig. Die Teilnehmer werden in Kleingruppen mit ca. sechs Personen eingeteilt. Eine Person stellt sich in die Mitte, die anderen bilden einen Kreis und stemmen ihre Hände in den Kreismittelpunkt. Die Person in der Mitte spannt ihre Muskeln an und lässt sich zur Seite fallen. Die Teilnehmer aus dem Kreis fangen die Person weich auf und „reichen" sie weiter. Der Teilnehmer im Kreis pendelt hin und her, er wird gehalten und entgegengenommen.

4. *Übung*: Wendemanöver

Ziel:

Kooperation

Material:

große Plane, Karten, Stifte, Klebeband

Anleitung:

Alle Teilnehmer schreiben auf rote Kärtchen, was mit Vertrauen nicht passieren darf, wie und wodurch ein Vertrauensmissbrauch entstehen kann und kleben diese Kärtchen auf eine große Plane. Anschließend stellt sich auch die Gruppe darauf. Die Aufgabe ist nun, die Plane zu wenden, sodass alle Karten unten liegen. Niemand aus der Gruppe darf die Plane verlassen. Ist die Aufgabe bewältigt, so dürfen die Teilnehmer auf der Plane herumspringen und die Ängste zertrampeln.

5. *Übung*: Am Boden liegen

Ziel:

Vertrauen haben und geben

Material:

kein Material

Anleitung:

Die Gruppe wird zweigeteilt. Der eine Teil sucht sich einen Platz auf dem Boden und legt sich mit geschlossenen Augen hin. Der andere Teil darf nun durch den Raum gehen und über die am Boden liegenden Personen gehen, springen, laufen oder auch nur an ihnen vorbei gehen. Jeder darf selbst entscheiden wie und welche Wege er geht. Niemand darf dabei verletzt werden. In einem zweiten Durchgang dürfen die liegenden Personen ihre Augen öffnen. Es ist darauf zu achten, ob eine Veränderung festzustellen ist. Später werden die Rollen getauscht.

Regeln:

Die Personen am Boden dürfen nicht berührt werden

6. *Übung*: Wettermassage

Ziel:

Entspannung

Material:

kein Material

Anleitung:

Diese Übung ist eine Partnermassage. Zwei Teilnehmer suchen sich einen ruhigen Platz, einer der beiden legt sich auf den Bauch. Der Trainer beginnt nun von einem ganz besonderen Tag zu erzählen, an dem das Wetter ein wenig verrücktspielt. Der Masseur hat dabei die Aufgabe, das Wetter in eine Massage umzusetzen. Dabei sind folgende Anleitungen möglich:
Mäßiger Regen = leichtes Fingerdrücken in den Rücken
Starker Regen = stärkerer Fingerdruck
Hagel = schneller, starker Fingerdruck
Wind = streichende Hände über den gesamten Rücken
Blitz = Ein Finger zeichnet in schnellem Tempo die Blitzform auf den Rücken
Sonne = Auflegen der vorher durch Reibung aufgeheizten Hände

- Tag 5 - Thema Freundschaft:

Das Thema Freundschaft ist für Mädchen besonders wichtig. Die Mädchen sollen ins Gespräch kommen und darüber diskutieren, was Freundschaft eigentlich ist und bedeutet, welche Freundschaften wichtig sind und was auf keinen Fall passieren darf.

Dabei werden die Themen Eifersucht, Pubertät, sowie Sexualität eine bedeutende Rolle einnehmen und einen Übergang zum Thema Mobbing darstellen.

1. *Übung*: Aufwärmen, Gruppengefühl

Ziel:

    Kamelschlachter

Material:

    breites Band

Anleitung:

    Ein Teilnehmer wird von der Gruppe zum Kamel bestimmt. Dies wird mit einem Band markiert, welches in die Hosentasche gesteckt wird und gut sichtbar herunterhängt. Die anderen Teilnehmer haben die Aufgabe das markierte Kamel vor dem Schlachter zu schützen, indem sie sich z.B. um das markierte Kamel stellen und dem Schlachter den Weg versperren. Der Schlachter versucht natürlich das Band des Kamels zu bekommen. Die Trainer stoppen dabei nach der jeweiligen Zeitvorgabe. Es gibt mehrere Durchläufe, die wie folgt aussehen:

    1. Runde: Ein Schlachter wird bestimmt, der versucht das Band des Kamels zu erreichen, er hat 20 Sekunden Zeit

    2. Runde: Zwei Schlachter werden bestimmt, 20 Sekunden Zeit

    3. Runde: Drei Schlachter, 20 Sekunden Zeit

    4. Runde: Sechs Schlachter, 10 Sekunden Zeit

Regeln:

    Stop-Regel

2. *Übung*: Ja-Nein-Übung

   Ziel:

   Standpunkt vertreten, Haltung einnehmen

   Material:

   kein Material

   Anleitung:

   Die Teilnehmer finden sich in Paaren zusammen und bekommen nun die Aufgabe ihren Standpunkt zu vertreten. Zur Hilfe bekommen die Partner die verschiedenen Aussagen zugewiesen „Ich möchte bleiben" und „Du sollst gehen". Nun sollen sie sich gegenseitig von ihren Standpunkten überzeugen und dazu lediglich ihre eigene Aussage benutzen. Im zweiten Durchlauf sollen die Teilnehmer den Satz beibehalten, aber das Gegenteil meinen und es trotzdem versuchen bei ihrem Gegenüber durchzusetzen

3. *Theorie*: Thema Freundschaft

   Ziel:

   Erwartungen und Wünsche äußern

   Material:

   Pinnwand, Karten

   Anleitung:

   Es wird ein Gruppengespräch geben zum Thema Freundschaft, indem sich die Teilnehmer darüber austauschen sollen, was eine Freundschaft ausmacht, welche Erwartungen jeder einzelne hat und was auf keinen Fall passieren soll (Ängste). Die wichtigsten Stichworte sollen gemeinsam herausgearbeitet werden und an eine Pinnwand geheftet werden. Für die weiteren Übungen sollen diese Stichworte hilfreich sein.

4. *Übung*: Wilder Fluss

Ziel:

Kooperation, Kommunikation

Material:

Zettel, Teppichfliesen oder Holzbalken

Anleitung:

Die Gruppe muss diese Aufgabe als Ganzes bewältigen. Sie müssen einen fiktiven wilden Fluss überqueren. Dazu bekommen sie eine begrenzte Anzahl an Gegenständen ausgehändigt (s. Material), die sie auf den Fluss legen können und die als Gehweg fungieren. Alle Teilnehmer müssen es schaffen, den Fluss zu überqueren, dabei darf kein Fuß im Wasser landen, und keine Tritthilfe unberührt sein, sonst wird diese von den Trainern entwendet. Die Übung ist beendet, wenn alle Teilnehmer den Fluss überquert haben.

Besonderes:

Kooperationsübungen können zeitlich weit ausgedehnt werden, da deren Verlauf von den Strategien und der Zusammenarbeit der Gruppe abhängig ist. Die Trainer sollten in den Regeln flexibel sein, je nach Gruppenprozess

5. *Übung*: Bälle finden

Ziel:

Kooperation, Strategie entwickeln, Frustrationstoleranz

Material:

Klebeband, 10-15 Bälle

Anleitung:

Mit dem Klebeband wird ein Bereich markiert, den die Teilnehmer nicht verlassen dürfen. Im Raum haben die Trainer vorher insgesamt 10-15 kleine Bälle (abhängig von Raum- und Gruppengröße) versteckt, jedoch in Bereichen, die die Markierung deutlich überschreiten. Die Teilnehmer haben die Aufgabe die Bälle einzusammeln. Den markierten Bereich dürfen sie nur verlassen, wenn sie eine Menschenkette bilden und mindestens eine Person noch im markierten Bereich steht. Die Gruppe hat fünf Versuche und jeder Versuch dauert zehn Sekunden an. Die zehn Sekunden starten erst, sobald der erste Teilnehmer den markierten Bereich verlässt. Sind die Teilnehmer bei Ablauf der zehn Sekunden nicht alle wieder zurück im markierten Bereich, so werden ihnen die in dem Versuch gesammelten Bälle abgenommen. Die Trainer zählen die Sekunden laut herunter.

6. *Übung*: Durch dick und dünn

Ziel:

Entspannung

Material:

leise Entspannungsmusik

Anleitung:

Die Teilnehmer suchen sich einen bequemen Platz und eine entspannte Position und schließen die Augen. Die Trainer erzählen eine bewegende Geschichte zum Thema Freundschaft und lassen so den Tag ausklingen.

- Tag 6 - Thema Mobbing:
Mobbing stellt ein zentrales und wichtiges Themenfeld in diesem präventiven, für Mädchen konzipierten Training dar. Mobbing ist die Form von Gewalt, welche scheinbar vor allem von Mädchen und Mädchengruppen ausgeübt wird. Es ist ihr erprobter Ausdruck von Frustration, Angst sowie Aggression und kann heftige und sehr leidvolle Ausmaße annehmen. Es ist wichtig, dieses Thema umfangreich zu bearbeiten, da diese Form von Gewalt meist zunächst nicht von außen sichtbar scheint, jedoch eine enorme psychische Belastung für die Betroffenen darstellt.
In diesem Kontext wird es vor allem um die Rollenverhältnisse Täter-Opfer und die Förderung sowie Sensibilisierung von Gefühlen gehen.

Die Mädchen sollen die eigene Erfahrung machen, wie es ist, in einer Täter- oder Opfersituation zu sein und daraus wachsen.

1. *Übung*: Zahlen-Memory

Ziel:

Aufwärmen, Konzentrationsfähigkeit

Material:

Kärtchen mit den Zahlen 1-9, Stopuhr

Anleitung:

Die Großgruppe wird in zwei Kleingruppen unterteilt und die erste Kleingruppe stellt sich hinter eine Startlinie. Einige Meter hinter der Startlinie liegen Zahlenkarten verdeckt und unsortiert in einer Reihe. Die Gruppe soll nun die Zahlen in der richtigen Reihenfolge sortieren und aufdecken. Es darf jedoch immer nur eine Person nacheinander laufen und auch nur eine Karte umdrehen. Die Strategie überlegt sich die Gruppe selbst und die Übung wird zeitlich gemessen.

2. *Übung*: Pflaumen und Kirschen

Ziel:

Hilflosigkeit und Abwertung erfahren und liefern

Material:

Stühle

Anleitung:

Die Gruppe wird geteilt und eine Teilgruppe verlässt den Raum. Die Gruppe im Raum bekommt die Information, sie seien Kirschen, die tollsten Früchte auf der ganzen Welt, glatt, süß und wunderschön. Draußen seien die schrecklichen Pflaumen, sie sind hässlich, dumm und verschrumpelt. Für alle Pflaumen werden im Raum Stühle positioniert und die Kirschen bekommen die Aufgabe, dass sich jeder eine Pflaume an die Hand nimmt und sie zu einem Stuhl führt. Auf dem Weg dorthin dürfen sie die Pflaumen beleidigen und ärgern. Die

Pflaumen bekommen lediglich die Information, dass sie Pflaumen und zufrieden damit sind, die Augen halten sie geschlossen. Wenn alle Pflaumen auf ihren Stühlen sitzen, nachdem sie beschimpft wurden, sagt niemand mehr etwas und die Ruhe bleibt, bis sie jemand beendet.

item *Übung*: Ausgrenzen

Ziel:

Ausgrenzung erfahren, Täter-Opfer-Rollen

Material:

kein Material

Anleitung:

Die Gruppe bildet einen Kreis und zwei Teilnehmer verlassen den Raum. Werden die beiden Teilnehmer wieder in den Raum gerufen werden, stellen sie sich außerhalb des Kreises mit abgewandtem Gesicht auf. Die anderen Teilnehmer gehen im Kreis herum und flüstern den dazu gekommenen Teilnehmern Beleidigungen in das Ohr. Nach einer Weile dürfen sich die Beleidigten umdrehen. Die im Kreis stehenden Personen gehen weiter und beleidigen erneut. Nun können die beiden „Opfer" die Beschimpfenden ansehen. Nach einer Zeit wird die Situation beendet.

3. *Übung*: Schau mir in die Augen

Ziel:

Sensibilisierung für Gefühle in Machtverhältnissen, Nachempfinden von Täter- und Opfersituationen

Material:

kein Material

Anleitung:

Alle Teilnehmer bilden eine Stirngasse und schauen ihrem Gegenüber ca. zwei Minuten lang in die Augen. Danach geht ein Partner in die Hocke, der andere bleibt stehen und es wird sich wieder zwei Minuten lang in die Augen geschaut. Zum Schluss noch ein Wechsel.

4. *Theorie*: Mobbing und damit verbundene Gefühle

Ziel:

Erfahrungsaustausch

Anleitung:

Die Teilnehmer haben die Möglichkeit eigene Erfahrungen zum Thema Mobbing mitzuteilen und sich auszutauschen. In Aufarbeitung mit den Trainern, wie Mobbing entstehen kann und welche Möglichkeiten es gibt, sich gegen Mobbing auszusprechen, können die Teilnehmer Wünsche äußern für bestimmte Übungen mit bestimmten Lernerfolgen.

5. *Übung*: Pizzabäcker

Ziel:

Entspannung

Material:

Stühle

Anleitung:

Zur Entspannung gibt es eine Paarmassage. Die Paare setzen sich mit ihren Stühlen so, dass einer die Aufgabe des Masseurs übernehmen kann. In Anleitung der Trainer werden die Teilnehmer nun auf und mit dem Rücken ihres Partners eine Pizza backen. Dies geht vom Teig kneten über Ausrollen bis hin zum Belegen und in den Backofen schieben (die durch Reibung aufgewärmten Hände auf den Rücken legen).

- Tag 7 - Vorurteile, Klischees, und Rollenbilder Mann-Frau:
  Am letzten Tag soll das eigene Rollenbild als Frau in der Gesellschaft diskutiert werde. Hier werden Klischees, Vorurteile und Kategorien bezüglich
  „Typisch Frau" und „Typisch Mann" bearbeitet und diskutiert. Die Mädchen
  sollen ein Bewusstsein über ihre Position, ihre Erwartungen und ihre eigenen Wünsche erhalten.

  Außerdem werden die Themen „Emanzipation" und „Rollenbilder im Verlauf
  der Geschichte" eine Rolle spielen. In diesem Zusammenhang soll es Ver-
  gleiche im Hinblick auf früher und heute geben. Daraus resultiert die Ideen-
  werkstatt mit der Frage: „Wie könnte sich die Rolle der Frau in den nächsten
  25 Jahren entwickeln?"

  In dieser Trainingseinheit wird ein Augenmerk auf die Diskussion zwischen
  den Teilnehmerinnen gelegt. Es wird darauf geachtet, wer wie selbstbewusst seine Meinung vertreten kann und wer sich wiederum nicht äußert.
  Auch ist es interessant, wie sich die Mädchen selbst in der Gesellschaft sehen und wie sie die verschiedenen Rollenbilder beurteilen und annehmen.
  Dies soll einen Diskussionsansatz über Entfaltung der eigenen Persönlichkeit und Handlungskompetenz geben.

  Nach ausgiebigem positiven Feedback und einer Evaluationsrunde zum gesamten Training neigt sich „Yes, she can!" dann dem Ende zu. Die Mädchen
  werden mit ihren Zertifikat und der Foto-Cd aus dem Training entlassen.

1. *Übung*: Füße treten

   Ziel:

   Wach werden, Selbstkontrolle

   Material:

   kein Material

   Anleitung:

   Die Teilnehmer finden sich zu zweit zusammen und fassen sich an
   den Händen. Auf Kommando versuchen sie sich gegenseitig leicht
   auf die Fußspitzen zu treten.

2. *Übung*: Klischeebilder

Ziel:

Bewusstsein über eigenes Klischeedenken verschaffen

Material:

Flipchart, Stifte

Anleitung:

Die Seite auf der Flipchart wird in vier gleich große Teile aufgeteilt. Nun wird ein Teilnehmer nach vorn gebeten und bekommt einen Stift in die Hand. Er bekommt den Auftrag: Male eine typische Frau. Die Gruppe darf und soll ihm Anleitung beim Malen geben. Der Vorgang wird vier Mal durchgeführt mit den weiteren Anweisungen: Male einen typischen Mann, male einen Deutschen, male eine Hausfrau. Die Vorgabe der Bilder kann der Trainer frei wählen, sollte aber das Thema mit einbeziehen.

3. *Übung*: Vorurteile sammeln

Ziel:

Thematische Vertiefung, Sensibilisierung

Material:

Zettel, Stifte

Anleitung:

Die Gruppe teilt sich in Kleingruppen ein, in denen sie allerhand Vorurteile sammeln, die sie kennen. Danach einigen sie sich auf ein Vorurteil und überlegen wer dieses Vorurteil gesagt haben könnte, wann es gesagt worden sein kann und in welchem Zusammenhang es ausgesprochen wurde.
Desweiteren wird versucht den Sinn und Zweck des Vorurteils herauszufinden und die Auswirkung auf die Gruppe, denen das Vorurteil zugesprochen wurde, zu verdeutlichen.

4. *Übung*: Zeitungsschlacht

Ziel:

Auspowern, Spaß, Regeleinhaltung, Wettkampf

Material:

viel Zeitungspapier

Anleitung:

Es werden zwei Gruppen gebildet, die in der Mitte durch eine Linie getrennt werden. Jede Gruppe hat Zeitungspapier auf ihrer Seite. Nachdem ein Startsignal gegeben wurde fangen beide Gruppen an, Bälle aus den Zeitungen zu formen und sie auf die gegnerische Mannschaft zu werfen, sodass möglichst wenige Bälle im eigenen Feld liegen. Die Gruppe, die nach einer bestimmten Zeitvorgabe (Ermessen der Trainer) die wenigsten Papierbälle im Feld liegen hat, hat gewonnen. Anschließend gibt es eine Überleitung, dass auf Kommando alle Papierbälle in den Mülleimer geworfen werden. Der Letzte muss den Stuhlkreis vorbereiten für die Abschlussrunde des gesamten Trainings.

Regeln:

keine Verletzungen, Würfe ins Gesicht etc..

6.3 Rolle des Trainers

Die Rolle des Trainers sowohl im gesamten Training als auch danach und davor ist eine sehr verantwortungsvolle. Er ist durch ständige Präsenz charakterisiert. Es ist nicht nur Vorarbeit zu leisten, sondern auch Nacharbeit und während der gesamten Trainingszeit ist er ein permanenter Ansprechpartner, der für die Teilnehmer eine Vorbildfunktion übernimmt. Diese Vorbildfunktion kann man unter anderem auch durch Übungen wie „Wer ist so wie ich" erreichen. Denn geht es beispielsweise um die Frage „Wer hat schonmal geschlagen?" und ein Trainer bewegt sich in die Kreismitte, so löst das bei einigen Teilnehmer zunächst die Hemmschwelle selbst nach vorn zu treten, zeigt aber auch die Authentizität und

Ehrlichkeit sowie die Menschlichkeit der Trainer. Der Trainer gilt als Fachmann auf seinem Gebiet und damit fungiert er einerseits als Vorbild und andererseits als vertrauensvoller Helfer, der den Teilnehmern dabei behilflich ist, ihre eigene Persönlichkeit zu entfalten, zu erweitern und zu verstärken.

Während des gesamten Trainings ist es notwendig flexibel und spontan zu sein. Viele Übungen und Abläufe sind nicht stereotyp, sie beanspruchen mal mehr und mal weniger Zeit, sie funktionieren und manchmal scheitern sie. Durch einen großen Methodenkoffer, hohe soziale Kompetenz, Empathie, Frustrationstoleranz, Konfliktfähigkeit und enorme Flexibilität muss es möglich sein, im Training improvisieren zu können. Gerade das Spektrum an Warm-Up-Übungen sollte breit gefächert sein um bei Tiefpunkten der Gruppe direkt intervenieren zu können. Dafür benötigt ein Trainer ein gutes Gespür für seine Teilnehmer. Er ist derjenige, der oft merken muss, was die Gruppe nun braucht, da gerade in den Anfangsstunden selten solche Äußerungen von der Gruppe selbst kommen.

Desweiteren hat der Trainer die Aufgabe die Sicherheit der Teilnehmer und die Unversehrtheit ihrer Gefühle zu bewahren und vorauszusetzen.

Da die Verantwortung, die ein Trainer in solchen Trainings besitzt, enorm groß ist, werden die Trainings zu zweit durchgeführt. So ist immer die maximale Aufmerksamkeit garantiert und die Trainer können sich gegenseitig unterstützen und ergänzen, sowie das Gefahrenpotenzial reduzieren. Beide Trainer haben einen Status, in dem sie flexibel agieren sollten.

6.4 Stellungnahme

Bisher wurde das Training noch nicht durchgeführt, so dass keinerlei Aussagen über die Effizienz dieses Projektes gemacht werden können. Dennoch ist es die Konzipierung eines Angebotes, welches durchaus auf das Interesse entsprechender Einrichtungen wie z.B. Mädchenhäuser und Mädchentreffs stößt. Es sollen im Folgenden einige Gesichtspunkte kritisch beleuchtet werden.

Gruppenkonstellation

Wie anfangs bereits erwähnt, arbeitet das Training nicht mit zusammengestellten Gruppen, sondern mit fest bestehenden. Ein Bewusstsein darüber, dass in dieser Konstellation durchaus Opfer und Täter aufeinander treffen könnten und eine Vielfältigkeit von unterschiedlichen Charakteren teilnehmen wird, sollte gegeben sein. An diesem Punkt setzt die erste Arbeit an. Ziel ist es, das prosoziale Verhalten innerhalb einer Gruppe und den Gruppenzusammenhalt der gesamten Gruppe zu fördern. Dies stellt natürlich in Gruppen, die extrem gespalten sind, eine potenzielle Eskalationsgefahr dar. Die Trainer sollten dies jedoch nicht als Schwierigkeit, sondern als individuelle Herausforderung ansehen. Konflikte sollten in einem geschützten und für die Trainer gut einschätzbaren Rahmen zugelassen werden. Die Konfliktsituationen sind im Training ebenso interessant und wichtig wie ein reibungsloser Ablauf. Denn an den schwierigen Stellen kann man mit den Teilnehmerinnen ins Gespräch kommen und neue Handlungsalternativen erarbeiten.

Nachhaltigkeit

Aufbauend auf dem Aspekt der Gruppenkonstellation soll der Gesichtspunkt der Nachhaltigkeit transparent gemacht werden. Die Trainer sollten sich nicht dem „flying doctor effect" unterwerfen. Trainings sollen ernst genommen werden und mit der Überzeugung, gute Arbeitet zu leisten und Erfolge erzielen zu können, durchgeführt werden.

Dies soll auch den teilnehmenden Pädagogen und Einrichtungen vermittelt werden, denn ein Anti-Gewalt- und Kompetenztraining soll nicht den Charakter einer Freizeitbetreuung besitzen.

Es wird besonderen Wert darauf gelegt, dass die Pädagogen sich mit den Trainern ebenso auseinandersetzen wie diese sich mit der Einrichtung und den Teilnehmerinnen befassen. In der praktischen Umsetzung bedeutet dies, dass ein ausführliches Vorgespräch mit der Schule, der Wohngruppe etc. von Notwendigkeit ist, in welchem die Problematik geschildert wird, ein Überblick über die Teilnehmerinnen und die Gruppenkonstellation geschieht und explizite Wünsche geäußert werden können.

Aufgrund der Nachhaltigkeit ist es von großer Bedeutung, dass während des gesamten Trainings eine Pädagogin der Einrichtung konstant anwesend ist. Ein Wechsel hierbei ist leider nicht möglich und führt (bis auf den Fall einer unerwarteten Krankheit) zu einem Trainingsabbruch von Seiten der Trainer. Die Arbeit soll so transparent wie möglich gestaltet werden und den Pädagogen der besuchten Einrichtung einen Eindruck der Trainer-Arbeit vermitteln. Das heißt natürlich nicht, dass die Zeit des Trainings sie dazu befähigt, selbst Anti-Gewalt-Trainer zu werden, sondern dass sie Ansatzpunkte finden, um ihre eigene Arbeit nach Beendigung des Trainings sinnvoll und aufbauend durchzuführen.

Selbstverständlich stehen die Trainer auch nach dem Training als Ansprechpartner zur Verfügung.

Defizit- und Ressourcenorientierung

Ein möglicher Kritikpunkt am Training könnte sein, dass der Anschein einer lediglich defizitorientierten Arbeitsweise vermittelt wird.

Im Training wird konfrontativ gearbeitet und die Teilnehmerinnen werden auf Fehler oder Fehlverhalten hingewiesen. Jedoch ist dies nicht der einzige Aspekt der Arbeit. Es werden mit den Mädchen alternative Handlungsmöglichkeiten erarbeitet. Darüber hinaus werden gezielt die Stärken der Mädchen bearbeitet und vermittelt, wie sie diese zielgerichtet einsetzen können.

Dennoch müssen die Teilnehmerinnen ebenso ein Bewusstsein für ihre Schwächen besitzen. Nur auf diese Weise ist eine positive Veränderung möglich. Der Aspekt der Ressourcenorientierung wird dabei nicht abgeschwächt.

Finanzierung

Viele Einrichtungen schrecken die Kosten für ein solches Projekt ab. Leider ist es so, dass auf dem Markt viele selbsternannte Anti-Gewalt-Trainer Trainings anbieten, da der Begriff des Trainers kein geschützter Begriff ist. Oft leidet dann die Qualität solch eines Trainings aufgrund mangelnder Ausbildung der Trainer.

Der altbewährte Spruch „Qualität hat ihren Preis" ist oft Grundsatz von Anti-Gewalt-Trainern. Die scheinbar hohen Kosten gehen mit der Qualitätssicherung einher.

Darüber hinaus sollte bedacht werden, welchen hohen Leistungsumfang diese Kosten erfassen. Um einen Teil der Kosten einzusparen, gibt es viele Organisationen und Vereine, die bereit sind, ein solches Angebot durch Sponsoring zu finanzieren.

7 Fazit und Schlussfolgerungen für die Soziale Arbeit

In der vorliegenden Arbeit wurde deutlich, dass es das sogenannte Phänomen der Mädchengewalt tatsächlich gibt. Sicherlich sollten Erhebungen der polizeilichen Kriminalstatistik und Schlagzeilen in den Medien mit Vorsicht betrachtet werden. Dennoch wird ein Anstieg der weiblichen Gewaltdelinquenz verbucht und sollte bei allen Betroffenen und vor allem auch in sozialen Arbeitsbereichen Beachtung finden. Gerade die Adoleszenz ist eine Phase, in welcher die Jugendlichen viel Unterstützung von anderen Menschen benötigen. Häufig sind diese anderen Menschen Fachkräfte der Sozialen Arbeit.

Für viele Fachkräfte gestaltet sich der Umgang mit gewaltbereiten Mädchen als schwierig. Es gibt nur wenig bis gar keine Evaluationen oder Nachhaltigkeitsuntersuchungen zu entsprechenden präventiven Angeboten. Sie stellen sich die Frage, ob Trainings für Jungen gleichermaßen auf Mädchen übertragen werden können. Durch die Ausarbeitungen und die Konzipierung des Trainings „Yes, she can" wurde deutlich, dass es durchaus Sinn ergibt, genderspezifisch zu arbeiten, wenn auch nicht die Konzepte 1:1 übernommen werden können. Denn wie sich aus vorhergegangenen Ausführungen erkennen lässt, müssen auch im geschlechtsspezifischen Bereich die Themen angeglichen werden. Der strukturelle, organisatorische und grob inhaltliche Rahmen wird durchaus übernommen werden können, in den inhaltlichen rahmen müssen lediglich spezifische Themen eingearbeitet werden.

Die Forschung in diesem Bereich wird durch die Soziale Arbeit nur minimal abgedeckt. Es besteht die Notwendigkeit, mehr nach den Hintergründen und Auslösern zu fragen. Dabei sollte allerdings beachtet werden, dass das theoretische

Wissen über solche Faktoren noch lange keinen Kausalzusammenhang erschließen lässt. Sicherlich bietet es Erleichterung im Hinblick auf Deutungen bestimmter Handlungsweisen im Umgang mit den Mädchen und im Alltag, dennoch gibt es keine allgemeingültigen Erklärungen.

Es besteht die Notwendigkeit individueller Angebote für diese Mädchen. Diese sollten auf Lebenslagen, Alter und Probleme der Klienten spezialisiert sein, um eine möglichst große Resonanz zu bekommen und um den Mädchen die Möglichkeit einer Identifikation mit solchen Angeboten und deren Inhalten zu geben. Dafür ist es ebenfalls wichtig, dass Sozialarbeiter und Sozialpädagogen eine gewisse Haltung bewahren. Verständnis, Respekt und Empathie sind großer Bestandteil ihrer Arbeit. Nur so kann mit den Mädchen eine Identitätsarbeit stattfinden und nur so haben diese die Möglichkeit, ihre eigenen Themen zu bearbeiten. Rahel Heeg betont, dass bei genderspezifischen Angeboten stets der „subjektive, praktische Nutzen"[105] herausgearbeitet werden muss, um Angebote für die Teilnehmer logisch zu fundieren.

Dabei muss ein Bewusstsein dafür vorliegen, dass Prozesse, die in Gang gesetzt werden sollen, nämlich die der Veränderung, viel Zeit benötigen und viel Spielraum für Übungsmöglichkeiten und zum Ausprobieren gegeben sein muss. Alles, was langwierig ist, benötigt viel Energie, Kraft und Motivation. Diese Faktoren gilt es als pädagogische Fachkraft stets wiederherzustellen.

Für die Fachkräfte selbst bedeutet dies, dass im Voraus Psychohygiene und Selbsterfahrung sowie Selbstreflexion im Nachhinein stattfinden müssen. Jeder Mensch, der mit delinquenten Jugendlichen arbeitet, muss sich im Klaren über die Fragen „Welche Einstellung habe ich zu Gewalt?", „Welche Gefühle verbinde ich damit?", „Warum habe ich diese Gefühle?" und „Wann habe ich selbst Gewalt erlebt und wie habe ich dies verarbeitet?" sein. Wenn all diese Aspekte verarbeitet sind, ist es möglich, objektiv zu arbeiten, ohne zu bewerten und ohne sich selbst oder das Klientel zu belasten. Der Pädagoge liefert dem Jugendlichen ein Beziehungsangebot. Nur durch Beziehungsarbeit kann ein vertrautes Verhältnis zwischen den beiden Parteien aufgebaut werden.

Aus eigener Erfahrung kann ich sagen, wie wichtig die Selbsterfahrungsanteile in der Ausbildung zur Anti-Gewalt-Trainerin waren. Durch konkrete Auseinanderset-

---

[105] Heeg, 2009, S.300

zung mit Alltagssituationen und Gefühlen, welche die Jugendlichen beschäftigen, gelingt es, einen anderen und vor allem objektiven Blickwinkel zu gewinnen. Wenn es um gewaltbeladene Situationen geht, haben viele, auch Fachkräfte, nur den Blick für die reine Gewalt. Wichtig ist aber, auch die Konfliktentstehung und Konfliktlösung zu beachten, nicht nur die offensichtliche Gewaltanwendung. So kann eine gezielte Intervention und das Einüben von alternativen Problemlösungsstrategien Erfolg haben. Der gesellschaftliche und familiäre Kontext sollte dabei nicht außer Acht gelassen werden.

Gibt es bereits vorbelastete Familien, die sich in diversen Problemlagen befinden und tritt dies an eine Fachkraft, so ist es unter Umständen nötig, dort eine Interventionsarbeit einzuleiten. Jegliche Angebote, auch jene für Mädchen, sollten niederschwellig sein. Denn hier kann die beste Präventionsarbeit stattfinden. Je niederschwelliger das Angebot, desto größer der Adressatenkreis und desto höher ist vermutlich auch die Resonanz. Kommen Jugendliche aus eigener Motivation, so haben sie bereits einen großen Teil zur Verhaltensänderung beigetragen. Sie haben nämlich den Willen und die Motivation gezeigt, etwas zu bewirken.

Schlussfolgernd ist es in der Sozialen Arbeit notwendig, weitere Angebote und Maßnahmen für delinquente Jugendliche und vor allem für Mädchen zu erstellen. Dabei sollte keine Scheu vor geschlechterspezifischen Förderprogrammen existieren. Nicht um das andere Geschlecht auszugrenzen, sondern um die gezielte Förderung der Mädchen zu erreichen und ihre Verhaltensweisen bezüglich der Gewaltanwendung zu erweitern, sollten Angebote wie das Training „Yes, she can!" begründet werden.
Getreu dem Motto „Prävention statt Intervention" sollte eine frühe Sensibilisierung stattfinden um den Jungendlichen die Möglichkeiten zu bieten, sich selbst einen Weg zu bahnen, nachdem sie allerhand Werkzeug und Wissen an die Hand bekommen haben.
Sicherlich werden geschlechterspezifische Präventionstrainings die Gewaltkriminalität nicht eliminieren können, denn das ist auch nicht ihre Aufgabe. Aber sie können durchaus dazu verhelfen, einen weiteren rapiden Anstieg der Zahlen zu vermeiden.

A Anhang

A.1 Polizeiliche Kriminalstatistik

Auf den nachfolgenden Seiten finden sich polizeiliche Kriminalstatistiken aus den Jahren 2000, 2005 und 2009 zum Thema „Gewaltkriminalität".

Geschlechts- und Altersstruktur (Tabelle 20)

Bereich: Bundesgebiet insgesamt

T221

Schlüs-sel	Straftaten(gruppen)	Tatverdächtige						
		insgesamt	männl.	weibl.	Kinder < 14	Jugendl. 14 < 18	Heranw. 18 < 21	Erwachsene 21 u. älter
		(100%)			in %			
8920	Gewaltkriminalität	176 319	88,5	11,5	6,4	21,9	16,4	55,4
	darunter:							
0100	Mord	1 089	88,3	11,7	0,2	8,6	13,0	78,1
0200	Totschlag, Tötung auf Verlangen	2 107	87,3	12,7	0,4	5,1	10,9	83,7
1110	Vergewaltigung und sexuelle Nötigung §§ 177 Abs. 2, 3 und 4, 178 StGB	5 888	98,8	1,2	1,8	9,2	9,6	79,3
2100	Raubdelikte	38 747	91,0	9,0	9,4	30,8	19,1	40,8
2210	Körperverletzung mit Todesfolge	388	88,9	11,1	4,9	11,3	10,8	72,9
2220	gefährliche und schwere Körperverletzung	133 939	87,6	12,4	6,0	21,0	16,2	56,9
2330	erpresserischer Menschenraub	172	95,3	4,7	0,0	4,7	17,4	77,0
2340	Geiselnahme	122	89,3	10,7	1,6	12,3	12,3	73,8

Abbildung A.1: Geschlechts- und Altersstruktur in der Gewaltkriminalität 2000

Fallentwicklung und Aufklärung (Tabelle 01)

Bereich: Bundesgebiet insgesamt

T219

Schlüs-sel	Straftaten(gruppen)	erfasste Fälle		Veränderung		Aufklärungsquote	
		2005	2004	absolut	in %	2005	2004
8920	Gewaltkriminalität	212 832	211 172	1 660	0,8	75,3	74,9
	darunter:						
0100	Mord	794	792	2	0,3	95,8	96,5
0200	Totschlag, Tötung auf Verlangen	1 602	1 688	-86	-5,1	95,8	95,9
1110	Vergewaltigung und sexuelle Nötigung §§ 177 Abs. 2, 3 und 4, 178 StGB	8 133	8 831	-698	-7,9	83,7	83,0
2100	Raubdelikte	54 841	59 732	-4 891	-8,2	50,9	50,8
2210	Körperverletzung mit Todesfolge	173	220	-47	-21,4	89,0	90,9
2220	gefährliche und schwere Körperverletzung	147 122	139 748	7 374	5,3	83,5	84,2
2330	erpresserischer Menschenraub	95	94	1	x	89,5	85,1
2340	Geiselnahme	69	66	3	x	94,2	92,4

Hinweis: Bei einer Basiszahl unter 100 wird keine Steigerungsrate berechnet.

Abbildung A.2: Geschlechts- und Altersstruktur in der Gewaltkriminalität 2005

Fallentwicklung und Aufklärung (Tabelle 01)

Bereich: Bundesgebiet insgesamt

T219

Schlüs-sel	Straftaten(gruppen)	erfasste Fälle		Veränderung		Aufklärungsquote	
		2009	2008	absolut	in %	2009	2008
892000	Gewaltkriminalität	208 446	210 885	-2 439	-1,2	75,3	75,5
	darunter:						
010000	Mord	703	694	9	1,3	94,6	97,6
020000	Totschlag, Tötung auf Verlangen	1 574	1 572	2	0,1	96,2	96,7
111000	Vergewaltigung und sexuelle Nötigung §§ 177 Abs. 2, 3 und 4, 178 StGB	7 314	7 292	22	0,3	81,6	82,2
210000	Raubdelikte	49 317	49 913	-596	-1,2	52,6	52,8
221000	Körperverletzung mit Todesfolge	93	105	-12	-11,4	88,2	82,9
222000	gefährliche und schwere Körperverletzung	149 301	151 208	-1 907	-1,3	82,2	82,3
233000	erpresserischer Menschenraub	89	71	18	x	84,3	85,9
234000	Geiselnahme	55	44	11	x	96,4	86,4

Hinweis: Bei einer Basiszahl unter 100 wird keine Steigerungsrate berechnet.

Abbildung A.3: Geschlechts- und Altersstruktur in der Gewaltkriminalität 2009

A.2 Trainingsverträge

Auf den nachfolgenden Seiten finden sich die Trainingsverträge für Teilnehmer und betreuende Pädagogen des Anti-Gewalt-Trainings.

Trainingsvertrag Pädagoge

Ich

....

verpflichte mich, an jedem Trainingstermin teil zu nehmen und die Inhalte und Erkenntnisse aus dem Training in meinen pädagogischen Alltag einzubinden.

Des Weiteren ist mir bewusst, dass ich zu jedem Zeitpunkt des Trainings die folgenden gleichen Regeln einhalten muss, wie die Teilnehmerinnen:

1. "Stopp!" bedeutet Aussetzen jeden Handelns.
2. Aussagen einzelner Teilnehmer unterliegen der Schweigepflicht und dürfen von keiner Seite nach außen getragen werden.
3. Es wird niemand bestraft.
4. Niemand wird unterbrochen, wenn er spricht.
5. Gefühle sind erlaubt und werden nicht bewertet.
6. Keiner wird beleidigt, ausgelacht oder verletzt.
7. Ausprobieren ist ausdrücklich erwünscht.
8. Ich rede nur aus meiner Sicht, nicht für andere.
9. Jeder hat die gleichen Rechte.
10. Alle Regeln werden überprüft. Regelverstöße haben Konsequenzen.

_____   _____

Datum   Unterschrift

Abbildung A.4: Trainingsvertrag für den Pädagogen (In Anlehnung an Sandvoß / Krämer-Trainingsverträge)

Trainingsvertrag

Ich

....

verpflichte mich, zu jedem Zeitpunkt des Trainings
die folgenden Regeln einzuhalten.

1. "Stopp!" bedeutet Aussetzen jeden Handelns.
2. Aussagen einzelner Teilnehmer unterliegen der Schweigepflicht und dürfen von keiner Seite nach außen getragen werden.
3. Es wird niemand bestraft.
4. Niemand wird unterbrochen, wenn er spricht.
5. Gefühle sind erlaubt und werden nicht bewertet.
6. Keiner wird beleidigt, ausgelacht oder verletzt.
7. Ausprobieren ist ausdrücklich erwünscht.
8. Ich rede nur aus meiner Sicht, nicht für andere.
9. Jeder hat die gleichen Rechte.
10. Alle Regeln werden überprüft. Regelverstöße haben Konsequenzen.

Einverständniserklärung:

1. Ich akzeptiere Konfrontation
2. Ich trage Konfrontation mit

_____   _____
Datum   Unterschrift

Abbildung A.5: Trainingsvertrag für die Mädchen (In Anlehnung an Sandvoß / Krämer-Trainingsverträge)

B Literatur

B.1 Gedruckte Werke

- Bruhns, Kirsten/ Wittmann, Svendy: Ich mein, mit Gewalt kannst du dir Respekt verschaffenMädchen und junge Frauen in gewaltbereiten Jugendgruppen, Leske+Budrich, Opladen, Wuppertal, 2002

- Bubolz, Georg (Hrsg.): Entwicklung und Sozialisation in der Kindheit-Kursthemen Erziehungswissenschaft, Cornelsen Verlag, Berlin, 1. Auflage 2000

- Cierpka, Manfred (Hg.): Möglichkeiten der Gewaltprävention, Vandenhoeck &Ruprecht GmbH&Co .KG, Göttingen, 2005

- Coller, Prof.Dr., Herbert E. : Glen-Mills-School- a private out-of state rasidentiale facility in Coller, Herbert E./ Scholz, Christian/ Weidner, Jens: Konfrontative Pädagogik- Das Glen-Mills-Experiment, Verlag Godesberg GmbH, Mönchengladbach, 2008

- Deutsche Gesetzliche Unfallversicherung (Hrsg.): BGAG-Report 1/2009: Maßnahmen zur Prävention von Gewalt an Schulen.: Bestands-aufnahme von Programmen im deutschsprachigen Raum- Literatur-studie, Juli 2009

- Eisenstadt, 1966 in Hurrelmann: Einführung in die Sozialisationstheorie, Beltz Verlag, Weinheim und Basel, 8. Auflage 2002

- Gugel, Günther: Handbuch der Gewaltprävention, Institut für Friedenspädagogik e.V. Tübingen, 2008

- Hagemann-White,Carol: Sozialisation: weiblich-männlich, Leske und Budrich Verlag, Leverkusen, 1984

- Heeg, Rahel: Mädchen und Gewalt. Bedeutungen physischer Gewaltausübung für weibliche Jugendliche, GWV Fachverlage GmbH, Wiesbaden, 1. Auflage 2009

- Hurrelmann, Klaus/ Grundmann, Matthias/Walper, Sabine (Hrsg.): Handbuch Sozialisationsforschung, Beltz Verlag, Weinheim und Basel, 7. Auflage 2008

- Hurrelmann, Klaus: Einführung in die Sozialisationstheorie, Beltz Verlag, Weinheim und Basel, 8. Auflage 2002

- Hügli, Anton in: Küchenhoff, Joachim, Hügli, Anton, Mäder, Ueli (Hg.): Gewalt: Ursachen, Formen, Prävention, Psychosozial-Verlag, Gießen, 2005

- Kleiter, Ekkehard F.: Gender und Aggression-Männliche und weibliche Aggression im Rahmen der Sozialpersönlichkeit bei Jugendlichen und Erwachsenen, Beltz Verlag, Weinheim und Basel, 2002

- Krowatschek, Dieter/ Theiling, Uta: Wenn mir eine dumm kommt schlag ich zu- Gewalt und Aggression bei Mädchen, Verlag Kreutz GmbH, Tübingen, 2008

- Micus, Christiane: Friedfertige Frauen und wütende Männer? - Theorien und Ergebnisse zum Umgang der Geschlechter mit Aggression, Juventa Verlag, Weinheim und München, 2002

- Ottmüller, Claus Otto: Glen Mills Schools- Ein Modell der Jugendkriminalrechtspflege, Centaurus-Verlagsgesellschaft, Pfaffenweiler, 1988

- Schanzenbächer, Stefan: Gewalt stoppen mit Konfrontation: Techniken für Prävention und Täterarbeit, Lambertus-Verlag, 2006

- Schröder, Achim/Merkle, Angela: Leitfaden Konfliktbewältigung und Gewaltprävention. Pädagogische Konzepte für Schule und Jugendhilfe, Woschenschau Verlag, Schalbach, 2. Auflage , 2009

- Spiegel Ausgabe 3/2004, S.106 Conny Neumann

- Stascheit, Prof Dr. Ulrich: Gesetze für Sozialberufe, hier: JGG + GG, No-mos Gesetze, Frankfurt, 15. Auflage, 2007

- Tillmann, Klaus-Jürgen: Sozialisationstheorien- Eine Einführung in den Zusammenhang von Gesellschaft, Institution und Subjektwerdung, Rowohlt Taschenbuch Verlag, Reibeck, 15. Auflage 2007

- Weidner, Jens/Kilb, Reiner (Hrsg.): Konfrontative Pädagogik, Konfliktbear-beitung in Sozialer Arbeit und Erziehung, Verlag für Sozialwissen-schaften, Wiesbaden, 3. Auflage, 2008

- Weidner, Jens/ Kilb, Rainer/ Jehn, Otto (Hrsg.): Gewalt im Griff Band 3: Weiterentwicklung des Anti-Aggressivitäts- und Coolness-Trainings, Beltz Verlag, Weinheim, Basel, Berlin, 1. Auflage 2003

- Weidner, Jens/ Kilb, Rainer/ Kreft, Dieter (Hrsg.): Gewalt im Griff 1: Neue Formen des Anti-Aggressivitäts-Training, Juventa Verlag, 5. ergänz-te Auflage, Weinheim und München, 2009

B.2 Internetquellen

- http://www.bakip-bhofen.salzburg.at/faecherberichte/meinungsprojekt5a05/ Festinger-kogn.Dissonanz.pdf
  (Abgerufen am 07.06.2010)

- http://www.bib-demografie.de/cln_099/nn_1651246/DE/DatenundBefunde/ 02/Tabellen/t__02__01__bevstand__d__1960__2060.html
  (Abgerufen am 17.05.2010)

- http://www.bka.de/pks/pks2008/download/pks-jb_2008_bka.pdf, S. 16/17
  (Abgerufen am 29.03.2010)

- http://www.bka.de/pks/pks2009/download/pks2009_imk_kurzbericht.pdf
  (Abgerufen am 02.06.2010)

- http://www.bpb.de/popup/popup_lemmata.html?guid=VA7HHE
  (Abgerufen am 07.04.2010)

- http://www.destatis.de/jetspeed/portal/cms/Sites/destatis/Internet/DE/
  Navigation/Statistiken/Bevoelkerung/Bevoelkerungsstand/
  Bevoelkerungsstand.psml
  (Abgerufen am 17.05.2010)

- http://www.destatis.de/jetspeed/portal/cms/Sites/destatis/Internet/DE/
  Presse/pm/2009/11/PD09__417__12411,templateId=renderPrint.psml
  (Abgerufen 22.12.2009)

- http://www.glenmillsschool.org/
  (Abgerufen am 08.06.2010)

- http://kipper-erwi.blogspot.com/2008/02/konfrontative-pdagogik-
  teil-2-die-glen.html
  (Abgerufen am 08.06.2010)

- http://www.psychotherapie-netzwerk.de/infobuero/therapie/verhaltens-
  therapie/rational-emotive/rational-emotive.htm
  (Abgerufen am 07.06.2010)

- http://www.sgbviii.de/S84.html
  (Abgerufen am 14.06.2010)

- http://www.spiegel.de/panorama/justiz/0,1518,677797,00.html
  (Abgerufen am 07.04.2010)

- http://www.spiegel.de/sport/fussball/0,1518,664101,00.html
  (Abgerufen am 07.04.2010)

- http://www.sueddeutsche.de/bayern/683/465275/text/
  (Abgerufen am 21.04.2010)

- http://www.stern.de/panorama/jugendgewalt-die-kaltbluetige-
  generation-706757.html
  (Abgerufen am 07.04.2010)

- http://www.welt.de/regionales/berlin/article3488382/13-Jaehrige-
  fuehrt-gewalttaetige-Maedchenbande-an.html
  (Abgerufen am 08.06.2010)

B.3 Sonstige Quellen

- Krämer, Ulrich/Sandvoß, Andreas: Weiterbildung zum/r Anti-Gewalt-Trai-
  ner/in: Berufsbegleitende Zusatzqualifizierung Umgang mit gewaltbereiten Kindern, Jugendlichen und Heranwachsenden, 2009, Dortmund

- Toprak, Ahmet: Kleines Handlungsfeld: Gewaltprävention, Sommer-
  semester 2008, Fachhochschule Dortmund

**Marianne Kosmann,
Harald Rüßler,
Alexandra Martine de Hek,
Christine Kampmann**

Fußball und der die das Andere
Ergebnisse aus einem Lehrforschungsprojekt

Gender and Diversity Bd. 1, 2011,
160 S., ISBN 978-3-86226-050-8, € 18,80

König Fußball regiert die Welt!

Und Deutschland im Besonderen. Die gesellschaftliche Bedeutung des Fußballsports kann hier kaum überbetont werden. Die Fußball-Weltmeister-
schaft 2006, das viel zitierte »Sommermärchen«, ist das augenfälligste Beispiel dafür, wie die »schönste Nebensache der Welt« in die Gesellschaft
hineinwirkt und diese beeinflusst. Doch welche Inhalte werden durch den
Sport vermittelt? Gerade 2011, im Jahr der Frauenfußball-WM in Deutschland wird es zu grundlegenden Debatten über das Selbstverständnis des
Spiels kommen.

In diesem Sammelband wird folgenden Fragen nachgegangen: Wie wird im
Fußball der, die oder das Fremde konstruiert? Und welche Auswirkungen
hat diese Konstruktion, im Hinblick auf Fremdenfeindlichkeit und Frauenbil-
der für den sozialen und pädagogischen Auftrag des lokalen Vereinsfuß-
balls. Welche Rolle spielt die Homophobie im (Männer-)Fußball? Und wie
haben sich die Geschlechterrollen in der bislang stark männlich geprägten
Domäne des Fußballsports durch die zunehmende Popularität des Frauen-
fußballs verändert?

☞ **Besuchen Sie
unsere Internetseite!**

www.centaurus-verlag.de

UNSERE BUCHTIPPS !

■ Ilhami Atabay
„Ich bin Sohn meiner Mutter"
Elterliches Bindungsverhalten und männliche Identitätsbildung in
türkeistämmigen Familien
Münchner Studien zur Kultur- und Sozialpsychologie, Band 19, 2010, 165 S.,
ISBN 978-3-86226-014-0, € 18,90

■ Oğuzhan Yazici
Jung, männlich, türkisch – gewalttätig?
Eine Studie über gewalttätige Männlichkeitsinszenierungen türkischstämmiger Ju-
gendlicher im Kontext von Ausgrenzung und Kriminalisierung
Schriften zum Jugendrecht und zur Jugend-Kriminologie, Band 8, 2011, 210 S.,
ISBN 978-3-86226-040-9, € 22,80

■ Viviane Nabi Acho
Elternarbeit mit Migrantenfamilien
Wege zur Förderung der nachhaltigen und aktiven Beteiligung von
Migranteneltern an Elternabenden und im Elternbeirat
Migration und Lebenswelten Bd. 2, 2011, 138 S.,
ISBN 978-3-86226-039-3, € 17,80

■ Fabian Frank
Soziale Netzwerke von (Spät-)Aussiedler
Eine Analyse sozialer Unterstützung aus sozialarbeiterischer Perspektive
Migration und Lebenswelten Bd. 1, 2011, 120 S.,
ISBN 978-3-86226-037-9, € 16,80

■ Burkhard Fischer
Wahrnehmungs- und Blickfunktionen bei Lernproblemen
Besser werden im Schreiben – Lesen – Rechnen
Reihe Psychologie, Bd. 41, 2011, 140 S., ca. 50 Abb., geb.,
ISBN 978-3-86226-043-0, € 23,80

■ Ahmet Toprak
Jungen und Gewalt
Die Anwendung der konfrontativen Pädagogik in der Beratungssituation mit
türkischen Jugendlichen
Reihe Pädagogik, Bd. 24, 2. überarbeitete Auflage 2006, 111 S.,
ISBN 798-3-8255-0527-8, € 15,90

■ Stefan Schanzenbächer
Anti-Aggressivitäts-Training auf dem Prüfstand
Gewalttäter-Behandlung lohnt sich
Soziale Probleme – Studien und Materialien Bd. 3, 2003, 296 S.,
ISBN 978-3-8255- 0389-4, € 26,90

www.centaurus-verlag.de